loisirs créatifs

COLLECTION MODELAGE

La porcelaine froide

des créations à modeler au fil des saisons

Créapassions

Nathalie Quiquempois

Éditrice
Emmanuelle PROT
Tél. : 06 17 06 43 02
Email : eprot@creapassions.com

ISBN 978-2-8141-0035-0

CréaPassions™, ScrapAttitude™, DécoAttitude™ et Square des Loisirs™ sont des marques déposées ou exploitées par Vitrac & Son Publishing Ltd, 1A Pope Street, London, United Kingdom.

SOMMAIRE

QUAND LES 4 SAISONS ENCHANTENT VOS CRÉATIONS...

1> Le printemps

2> L'été

3> L'automne

4> L'hiver

« Les saisons sont ce qu'une symphonie devrait être : quatre mouvements parfaits en harmonie intime les uns avec les autres ».

Arthur Rubinstein, extrait de *My young years.*

La porcelaine à modeler, une matière fabuleuse

Depuis son apparition en France en 2005, la porcelaine froide ou à modeler n'a cessé de passionner ses utilisateurs, toujours plus nombreux.

Des ingrédients ordinaires, au service d'une technique très simple

Un peu de fécule de maïs mélangée à de la colle, de l'huile et du vinaigre, et on obtient après quelques minutes de cuisson une pâte d'une finesse incomparable, très résistante et très agréable à travailler. Inutile de cuire les objets finis, ils sèchent simplement à l'air libre.

Une matière pour tous les publics, des projets adaptés à votre niveau

Dans cet ouvrage sont proposés plus de 20 modèles détaillés en pas à pas, réalisables aussi bien par des tout petits pour certains, que par des modeleurs confirmés pour d'autres. Tous les secrets de la fabrication de la porcelaine à modeler y figurent.

Alors n'hésitez plus, lancez-vous, et créez de vos mains toutes vos idées au fil des saisons !

Il n'y a pas de saison pour modeler, il y en a quatre pour trouver l'inspiration. J'espère que vous prendrez beaucoup de plaisir à reproduire les idées que je vous suggère dans ces pages, pour très vite ensuite mettre en scène les vôtres !

Natasel

ESCARGOT DE BOURGOGNE, MONTRE-MOI TES CORNES !

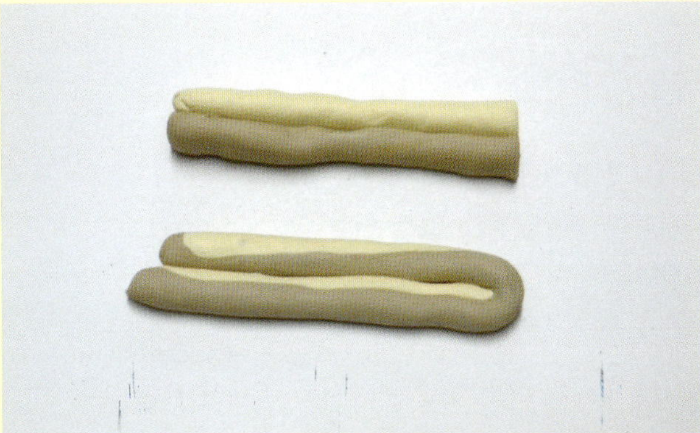

1>

2>

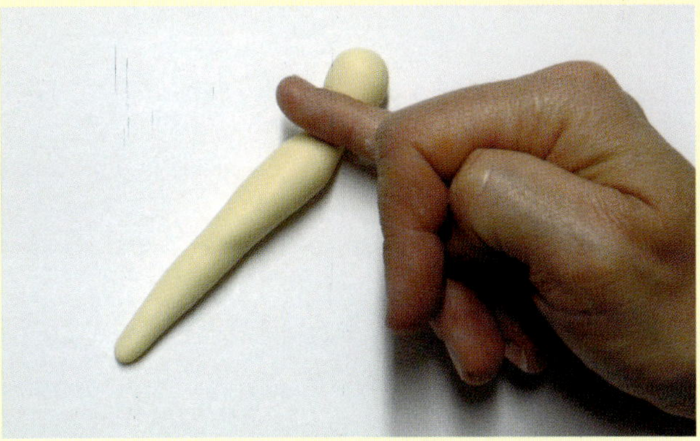

3>

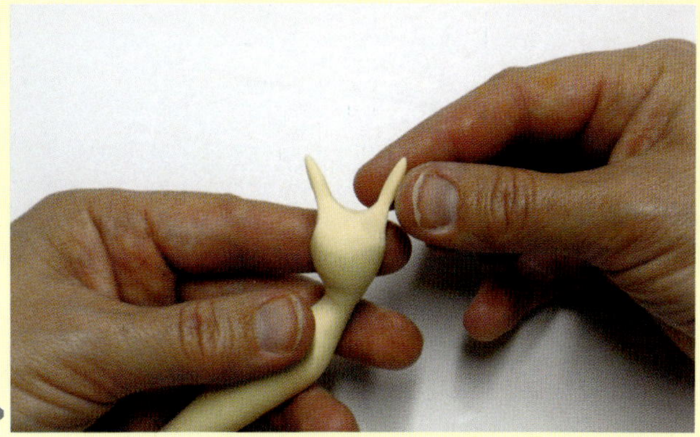

4>

Comment faire ?

1. Peignez le cadre en bleu et vert, en dégradé.

2. Modelez deux boudins beige et marron de 12 cm, façonnez-les ensemble pour n'en faire qu'un seul de 24 cm, repliez, roulez à nouveau : recommencez le même geste six fois pour obtenir un boudin rayé (photo 1).

3. Affinez un des bouts du boudin, enroulez-le en colimaçon « bombé » (photo 2).

4. Modelez une carotte beige de 10 cm, marquez le cou en roulant la pâte sous votre doigt, pincez-la pour former les antennes, lissez (photos 3 et 4).

MATÉRIEL

> Outils de base
> Gabarit page 100
> Cadre 18 x 23 cm à bords larges
> Peinture acrylique verte et bleu clair
> Seringue embout vermicelle
> Yeux mobiles diamètre maximum 5 mm
> Moule silicone fleurs et papillons
> Porcelaine à modeler beige, marron clair, verte, jaune, blanche, rose, bleu clair

5. Collez une boule marron pour le nez, et deux autres au bout des antennes, collez les yeux. Collez la coquille (photo 5).
6. Modelez une boule jaune aplatie de 3 cm, et sept carottes striées, collez pour former le soleil, ajoutez une boule pour le nez (photo 6).
7. Modelez un boudin rose de 1 cm de diamètre, coupez-le pour former des gouttes, que vous marquez comme illustré. Ajoutez le cœur (photo 7).

5 >

JE VOUS RECOMMANDE

Humidifiez le colimaçon avant de l'enrouler, la pâte adhérera sans colle !

CONSEIL

Enfoncez légèrement les yeux en les collant.

ASTUCE

Faites des rayons de tailles variées pour le soleil.

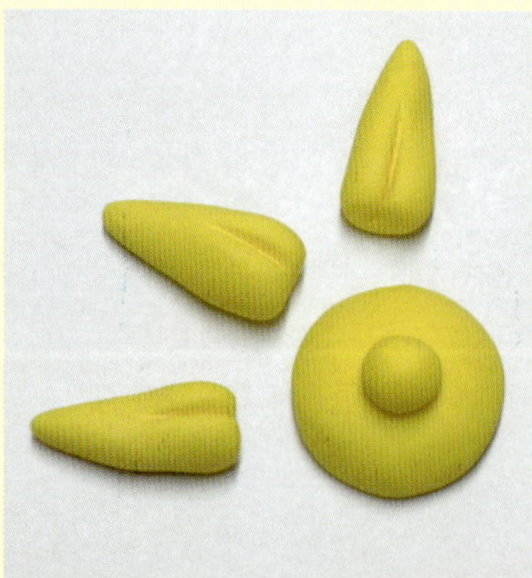

6 >

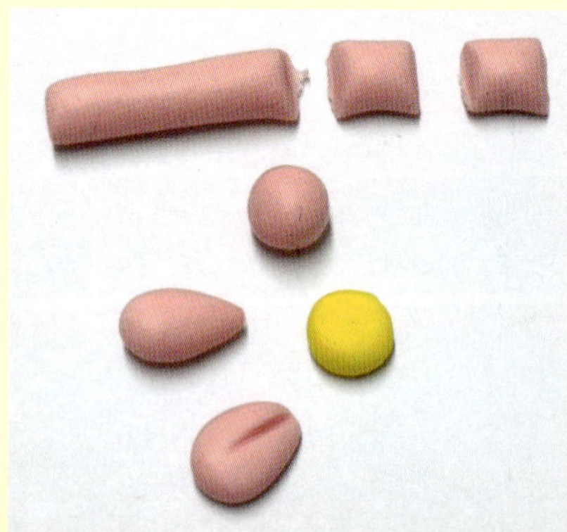

7 >

8 >

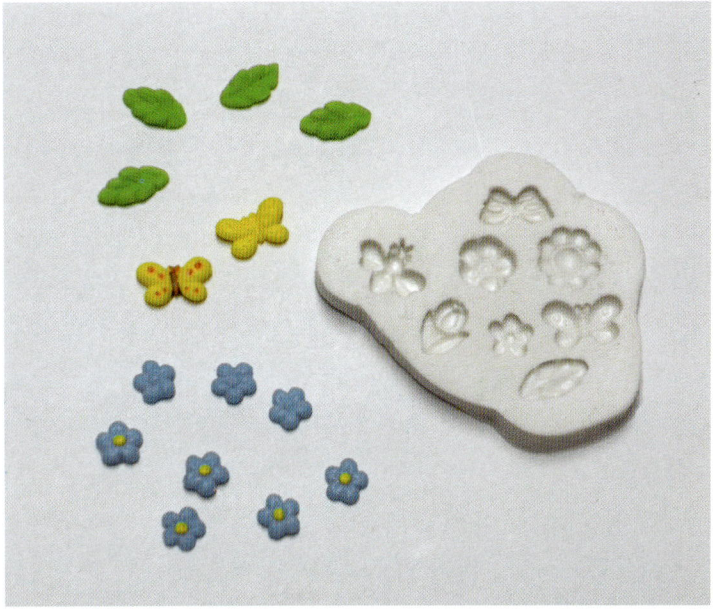

9 >

CONSEIL

Peignez des détails à la peinture sur les fleurs et les papillons.

ASTUCE

Pour imiter les brins d'herbe, tirez sur la pâte qui sort de la seringue, elle fera des pointes en se déchirant.

VARIANTE

Utilisez une véritable coquille pour l'escargot !

8. Modelez un boudin vert de 8 cm pour la tige, ajoutez la feuille (photo 8).

9. Faites une seconde fleur jaune avec un cœur rose.

10. Moulez des fleurs, des papillons et des feuilles (photo 9).

11. Avec la seringue, formez des brins d'herbe, collez en bas du cadre.

12. Collez tous les éléments sur le cadre, formez les nuages en pâte blanche et collez-les tout contre le soleil (photo ci-contre).

ESCARGOT DE BOURGOGNE, MONTRE-MOI TES CORNES !

Si vous utilisez un vernis mat en bombe pour la finition, protégez les yeux mobiles pour qu'ils ne deviennent pas opaques.
Voilà une façon gaie et colorée de garder le printemps chez soi toute l'année !

UN PETIT LAPIN BIEN GOURMAND

Comment faire ?

1. Étalez la pâte blanche sur 2 mm, centrez sur le couvercle encollé, coupez aux ciseaux à festons en laissant 2 cm de marge (photo 1).

2. Rabattez doucement les surplus sur le bord du couvercle, sans déformer la pâte. Vissez avec précaution sur le bocal (photo 2).

3. Modelez un œuf à partir d'une boule de 3 cm, collez un ovale blanc au centre, griffez autour pour imiter les poils (photos 3 et 4).

4. Modelez un boudin de 2,5 cm, roulez le doigt au centre, coupez-le en deux, formez les pattes (photo 5).

MATÉRIEL

- *> Outils de base*
- *> Gabarit page 101*
- *> Bocal de récupération, diamètre 8 cm*
- *> Mini-panier en osier de 5 cm*
- *> Ciseaux à festons*
- *> 2 perles noires de 5 mm*
- *> 6 brins pour les moustaches (poils de balai)*
- *> Porcelaine à modeler blanche, marron foncé, marron clair, rose pâle, orange, verte*

1 >

2 >

3 >

4 >

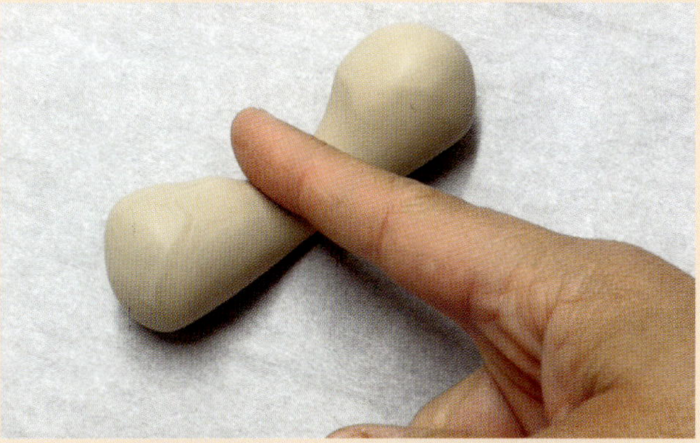
5 >

6 >
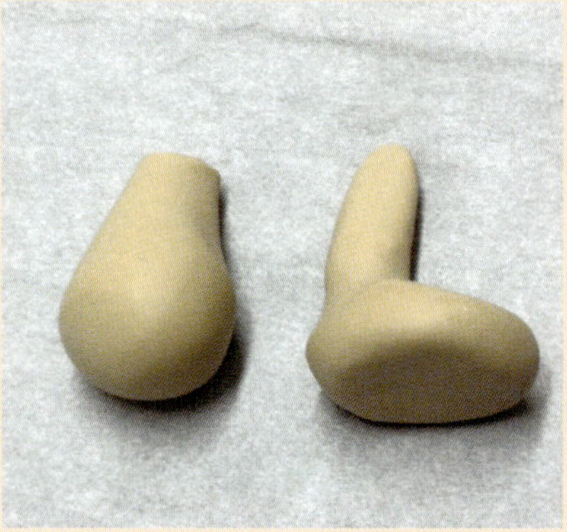

7 >
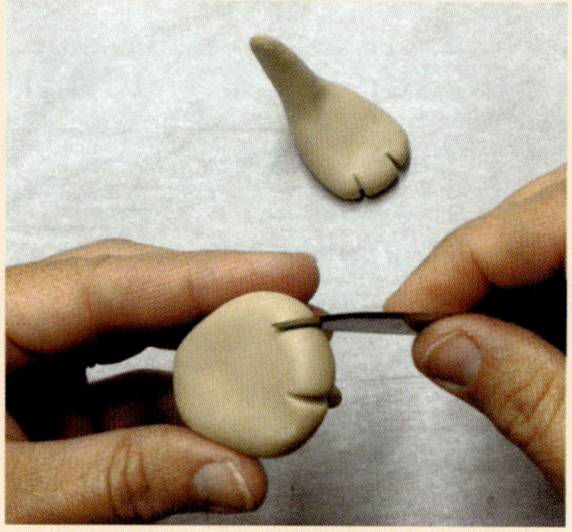

JE VOUS RECOMMANDE

Pliez rapidement les pattes pour éviter que la pâte se craquelle, car elle sèche très vite en surface !

8 >
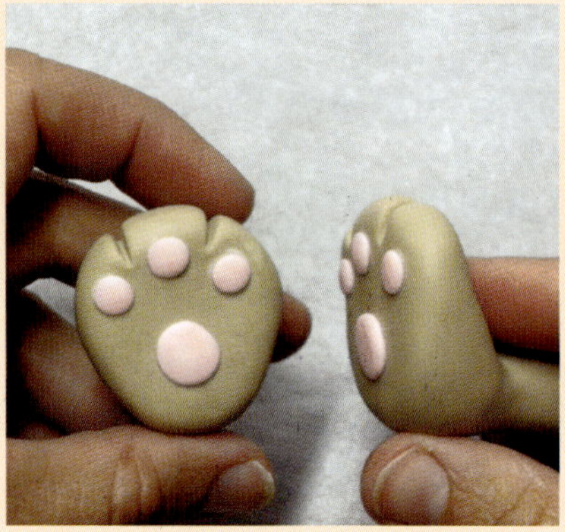

9 >

10 >

CONSEIL

Aidez-vous du gabarit pour mettre en forme les pattes antérieures.

5. Pliez les pattes et aplatissez le dessous sur la table (photo 6).

6. Séparez chaque patte en trois doigts au couteau, puis collez quatres pastilles roses dessous. Collez le corps et les pattes sur le couvercle (photos 7 et 8).

7. Modelez deux boudins de 3,5 cm pour les pattes avant, mettez en forme selon le gabarit. Réservez (photo 9).

8. Modelez la tête à partir d'une boule de 2,5 cm, enfoncez les yeux et faites des marques de couture avec un outil pointu, ainsi que sur le corps et les pattes (photo 10).

9. Modelez et collez le museau, ajoutez une truffe rose ; modelez les oreilles, collez (photo 11).

10. Collez deux boules blanches pour le cou et la queue, griffez (photo 12).

11. Placez le panier entre les pattes, collez la tête inclinée (photo 13).

12. Modelez les carottes et collez les fanes (photo 14).

13. Collez les carottes (photo 15).

14. Moulez la barrière, les fleurs, et l'herbe (photo 16).

11 >

12 >

13 >

14 >

15 >

16 >

UN PETIT LAPIN BIEN GOURMAND

Les finitions font la différence.

Peignez des pois sur le couvercle, et ombrez les oreilles et le dessus des yeux au pastel sec. Laissez sécher complètement avant de vernir.

LE TEMPS DES FRAISES

1>

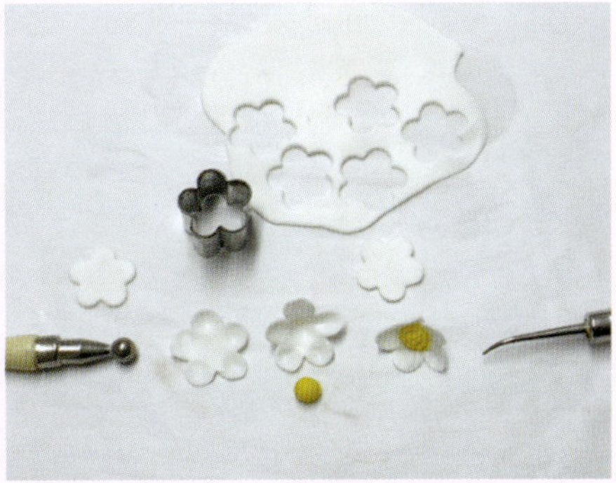

2>

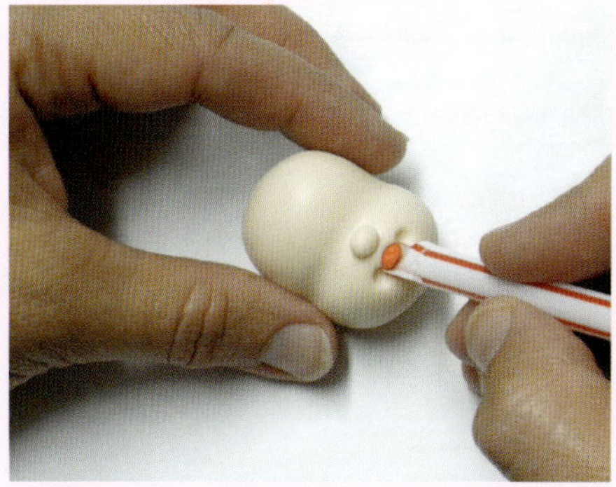

3>

4>

5>

Comment faire ?

1. Formez des cônes rouges arrondis, trouez-les pour imiter les fraises. Coupez des étoiles vertes, affinez les pointes, modelez la tige, assemblez (photo 1).

2. Coupez des petites fleurs, courbez les pétales, collez une boulette jaune piquetée au centre (photo 2).

3. Modelez la tête en chair **(voir le carnet d'adresses page 118)**, collez une boule pour le nez, creusez la bouche et marquez les commissures des lèvres, collez-y un petit cône rouge, marquez le sourire avec une paille (photo 3).

4. Coupez une grande fleur, collez sur la pendulette, collez la tête et les oreilles (photo 4).

5. Peignez le visage (photo 5).

MATÉRIEL

- ***> Outils de base***
- ***> Gabarit page 102***
- ***> Une pendulette de 12 cm***
- ***> Emporte-pièce mini-étoile***
- ***> Emporte-pièce mini-fleur 5 pétales***
- ***> Emporte-pièce fleur 4 cm***
- ***> Moule silicone « nœuds »***
- ***> Une paille***
- ***> Porcelaine à modeler couleur chair, blanche, rouge, verte, jaune, noire***

ASTUCE

Collez d'abord le volant au ras des cheveux, puis ajustez la charlotte sur la tête en appuyant doucement.

6. Modelez de fins boudins noirs, entourez-les autour d'un cure-dent, pour former les boucles ; collez sur la tête, d'une oreille à l'autre (photo 6).
7. Modelez un boudin blanc de 6 x 2 cm, courbez-le et marquez-y des plis. Réservez (photo 7).
8. Aplatissez finement un boudin blanc de 10 cm sur 1,5 cm de large, festonnez-le avec la mirette et plissez-le (photo 8).
9. Collez la charlotte sur la tête comme illustré (photo 9).
10. Moulez un nœud rouge, collez-le sur la charlotte (photo 10).

6 >

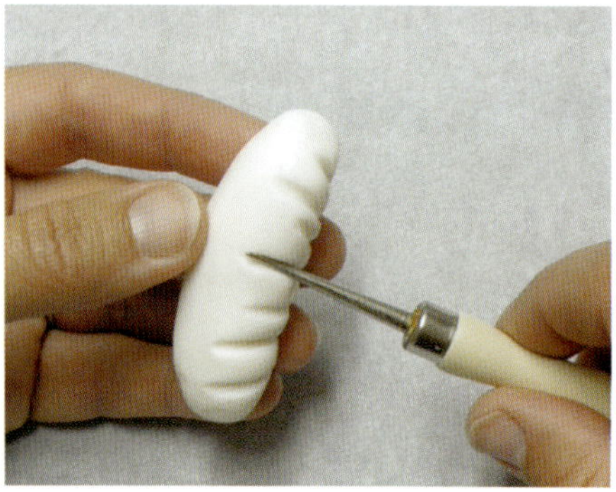

7 >

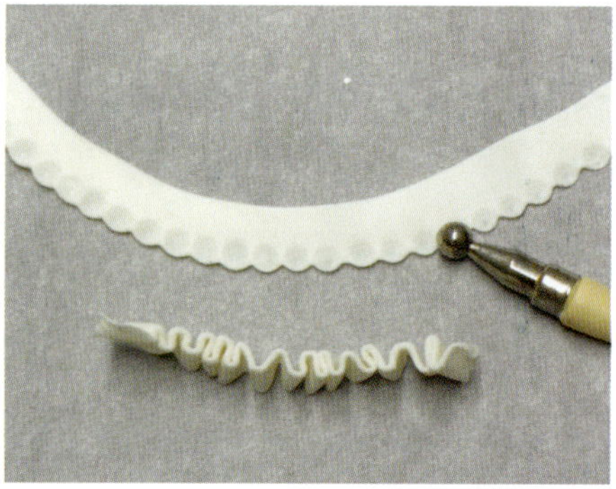

8 >

9 >

10 >

CONSEIL

Le volant doit être extrêmement fin pour pouvoir être plissé de façon précise. Vous pouvez utiliser une machine à pâtes.

LE TEMPS DES FRAISES

11. Modelez les mains dans la pâte chair, pliez les doigts (photo 11).

12. Collez les mains à cheval sur la pendulette (photo 12).

13. Étalez de fines pastilles vertes, marquez les nervures au couteau, crantez le tour pour imiter les feuilles de fraises (photo 13).

14. Collez harmonieusement vos fleurs, feuilles et fraises autour de la pendulette, soutenez avec de la fibre (photo 14).

15. Peignez des pois rouges sur la charlotte, laissez sécher.

JE VOUS RECOMMANDE

Prenez garde au positionnement de votre personnage sur la pendule, ne mettez pas la tête sur « 3 heures » par exemple ! Il faut que le poids reste équilibré autour de la pendule.

Ne gênez pas le fonctionnement des aiguilles lorsque vous positionnez vos éléments.

11 >

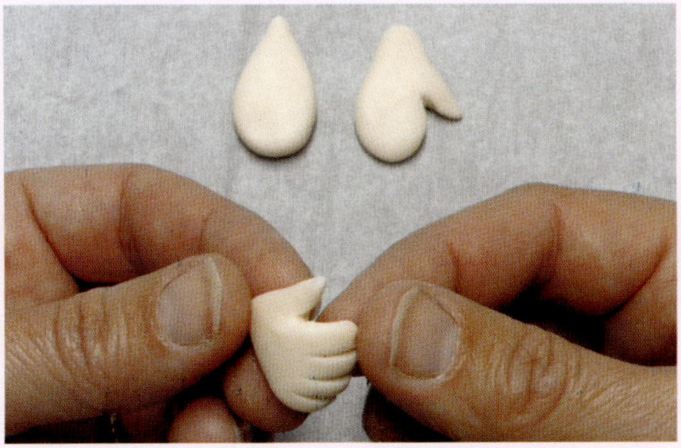

12 >

13 >

14 >

CONSEIL

Vernissez au pinceau en mat, sauf les fraises qu'il faut vernir en brillant.

Si vous remplacez les fraises par des cerises, des noisettes, ou encore par des friandises, vous adapterez cette pendulette à la saison ou à votre décor !

UN AGNEAU SUR SON COFFRET

1>

2>

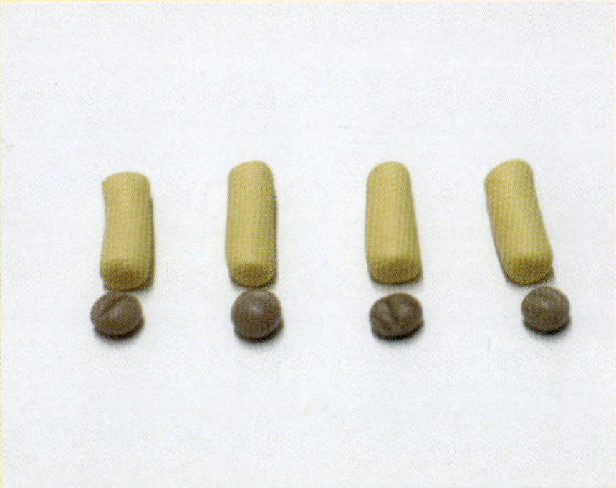

3>

4>

5>

MATÉRIEL

- *Outils de base*
- *Gabarit page 103*
- *Boîte hexagonale de 15 cm*
- *Peinture acrylique vert clair*
- *Perforatrice marguerite*
- *Une paille*
- *Un tampon à récurer*
- *80 cm de ruban jaune largeur 2 cm*
- *Porcelaine à modeler blanche, chair, ocre pâle, verte, jaune, orange, brune*

Comment faire ?

1. Peignez la boîte en vert (intérieur/extérieur).

2. Étalez grossièrement une grosse noix de pâte verte, collez sur la boîte et texturez avec le tampon à récurer (photo 1).

3. Modelez un ovale blanc de 4 x 5 cm, imitez la toison avec la paille (photo 2).

4. Modelez quatre boudins ocre de 2,5 x 1 cm, et quatre boulettes brunes fendues ; collez les pieds au bout des pattes. Collez sous le corps (photo 3).

5. Modelez un ovale chair de 3 x 2 cm, marquez le nez avec la paille, et tracez une raie du nez au bas de l'ovale. Assemblez les parties du corps (photos 4 et 5).

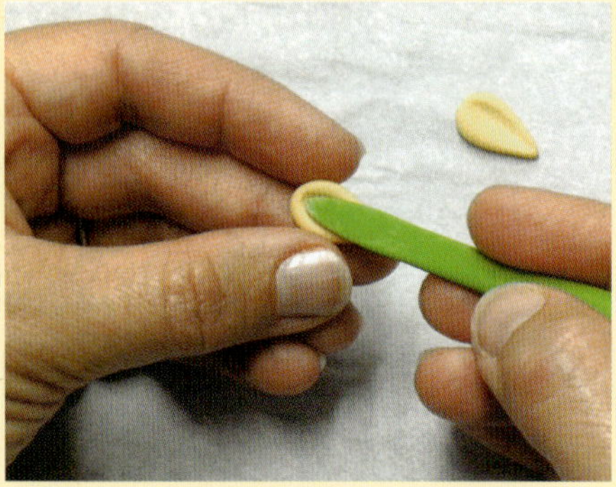

6>

7>

8>

9>

6. Modelez les oreilles, creusez-les et collez-les sur la tête (photo 6).

7. Modelez un boudin blanc de 2,5 x 1 cm, collez-le sur la tête, marquez la toison avec la paille (photo 7).

8. Découpez des pâquerettes jaunes, superposez par deux, collez au centre une boulette orange piquetée. Recommencez avec la pâte blanche, collez une boulette jaune au centre. Modelez des feuilles vertes (photo 8).

9. Collez l'agneau, les fleurs et les feuilles sur la boîte (photo 9).

10. Peignez les yeux de l'agneau, rosissez les joues et l'intérieur des oreilles.

CONSEIL

Pour passer la pâte dans la perforatrice, vous devez l'étaler très finement, et la laisser sécher quelques minutes, ainsi elle ne collera pas à l'intérieur. Si vous n'avez pas de perforatrice, remplacez les marguerites par des fleurs moulées ou en tissu.

UN AGNEAU SUR SON COFFRET

CONSEIL

Vernissez le coffret et son décor avant d'y nouer le ruban pour ne pas le tacher.

Choisissez un ruban assorti et collez-le autour du coffret, puis nouez-le joliment.

PETITE POULETTE TRISTOUNETTE

1 >

2 >

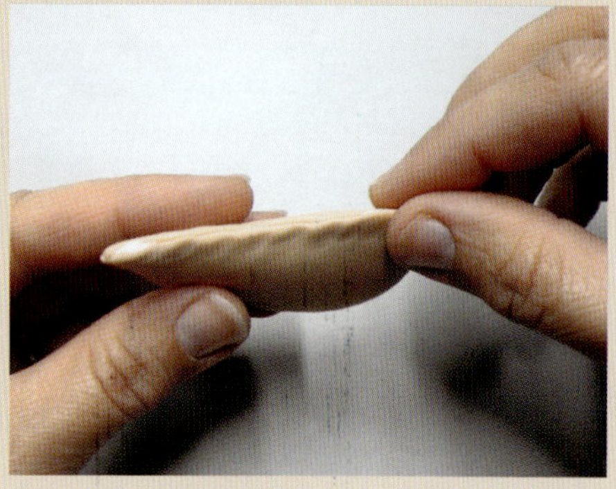

3 >

4 >

5 >

Comment faire ?

1. Étalez la pâte roux clair sur 2 mm, découpez-y deux ronds et quatre gouttes, creusez les gouttes pour imiter les ailes (photo 1).

2. Encollez un côté de l'aile, placez-y un petit morceau de fibre de rembourrage, recouvrez avec l'autre côté (photo 2).

3. Pincez les bords en emprisonnant la fibre à l'intérieur (photo 3).

4. Marquez une fausse couture avec un pinceau gomme à section droite (ou une aiguille) (photo 4).

5. Procédez de la même façon avec les ronds et l'autre aile, recoupez les morceaux de fibre qui dépassent et réservez sur de la fibre (photo 5).

MATÉRIEL

> Outils de base
> Gabarit page 104
> Emporte-pièce rond 5 cm
> Emporte-pièce goutte 6 cm
> Emporte-pièce fleur 4,5 cm
> Panier en osier d'environ 10 cm
> Mousse naturelle (ou artificielle)
> Porcelaine à modeler blanche, jaune, roux clair, rouge

PETITE POULETTE TRISTOUNETTE

6 >

7 >

6. Collez le bec et la crête sur la tête, peignez comme illustré (photo 6).
7. Collez la tête, les ailes sur le bord du panier (photo 7).
8. Tapissez de mousse le fond du panier avec de la colle, modelez des œufs dans la pâte blanche, dessinez des points au feutre dessus. Collez les pattes en face de la tête (photos 8).

8 >

CONSEIL

Soutenez les éléments collés sur le panier avec de la mousse et des appuis si nécessaire, et ne mettez pas trop de colle pour qu'ils ne glissent pas.

ASTUCE

Nuancez les ailes et la tête avec du pastel sec passé au pinceau, ou à l'aquarelle ton sur ton diluée, vous donnerez plus de charme à votre sujet. Vernissez le bec en brillant.

PETITE POULETTE TRISTOUNETTE

Nouez un joli ruban sur l'anse du panier, et votre poulette trouvera sa place au centre de la table le jour de Pâques !

RETOUR DE PÊCHE

Comment faire ?

1. Peignez la boîte en blanc, donnez-lui un aspect cérusé en l'essuyant aussitôt avec un papier ménager.
2. Formez les cordages du filet avec la seringue extrudeuse et la pâte bleue (photo 1).
3. Collez les cordages sur la boîte comme illustré, puis marquez chaque intersection avec la paille (photos 2 et 3).
4. Coupez les poissons dans la pâte orange et grise **(voir la technique des champignons page 57)**, marquez les écailles avec la paille, et les nageoires avec un couteau (photo 4).

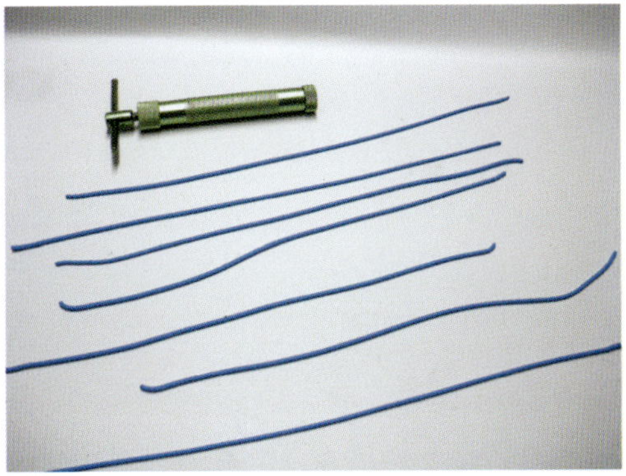

1>

2>

3>

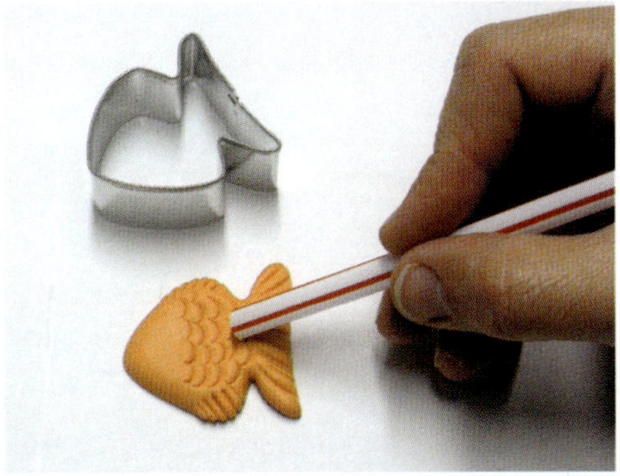

4>

MATÉRIEL

- *Outils de base*
- *Moules silicone coquillages et coquille Saint-Jacques*
- *Emporte-pièces petit poisson en deux tailles*
- *Emporte-pièce étoile 4 cm*
- *20 cm de ficelle brune*
- *Une paille*
- *Seringue extrudeuse embout rond 2 mm*
- *2 perles noires*
- *Peinture acrylique blanche et argent*
- *Un peu de sable*
- *Porcelaine à modeler bleu foncé, beige, blanche, orange, grise, jaune, rose*

5>

6>

ASTUCE
Si vous n'avez pas de moules en silicone, modelez les coquillages plus simplement, à partir de cônes marbrés.

7>

8>

9>

CONSEIL
Mélangez les couleurs sommairement pour obtenir l'effet marbré.

5. Collez une pastille jaune pour l'œil, enfoncez une perle au centre. Réservez (photo 5).

6. Mélangez la pâte rose et blanche, moulez des coquillages, moulez une coquille Saint-Jacques blanche (photo 6).

7. Modelez deux œufs orange de 2 cm, entourez-les d'un fin boudin blanc, collez sur le filet (photo 7).

8. Mélangez du beige et du blanc, coupez une étoile, étirez les branches, tordez-les et marquez-les avec une petite mirette (photo 8).

9. Encollez le coin de la boîte, saupoudrez-le de sable, puis collez les coquillages, l'étoile de mer, les poissons et la ficelle comme illustré (photo 9).

RETOUR DE PÊCHE

Cette boîte à mouchoirs trouvera parfaitement sa place dans une salle de bain au décor maritime !

1>

2>

3>

MATÉRIEL

- *> Outils de base*
- *> Socle rond de 15 cm*
- *> Peinture acrylique argent et verte (3 nuances)*
- *> Éponge*
- *> Bloc de polystyrène (récupération)*
- *> Tige porte-photo*
- *> Ébauchoir cranté*
- *> Seringue extrudeuse embout trèfle*
- *> Moule silicone fleurs et feuilles*
- *> Push mold « été »*
- *> Porcelaine à modeler beige, rouge, verte, jaune, rouille, brune, chair*

Comment faire ?

1. Peignez le socle à l'éponge en tamponnant les trois nuances de vert (photo 1).

2. Coupez le bloc de polystyrène pour lui donner la forme d'une tente de 6 x 7 cm, étalez la pâte beige et couvrez une des faces en rabattant les surplus sur les côtés, mais pas en bas (photo 2).

3. Imitez la fermeture à glissière à l'aide de l'ébauchoir cranté, coupez sur 1 cm en bas de la fermeture (photo 3).

4. Placez le bloc de polystyrène sur la pâte rouge et coupez-la de façon à ce qu'elle recouvre tout le bloc, sauf la face beige. Prévoyez 1 cm en plus sur l'avant, collez (photo 4).

5. Modelez quatre petites carottes brunes (les pieux), laissez-les durcir puis collez aux quatre coins de la tente que vous aurez percés. Collez sur le socle (photo 5).

6. Modelez deux gouttes et dix boulettes pour former les pieds, collez les orteils, creusez la voûte plantaire et collez les pieds comme illustré (photos 6 et 7).

CONSEIL

Pensez à la rétractation de la pâte quand vous couvrez le bloc de polystyrène, il faut toujours prévoir une petite marge en plus.

ASTUCE

Modelez les pieux à l'avance, ils seront bien durs quand vous les fixerez à la tente.

4>

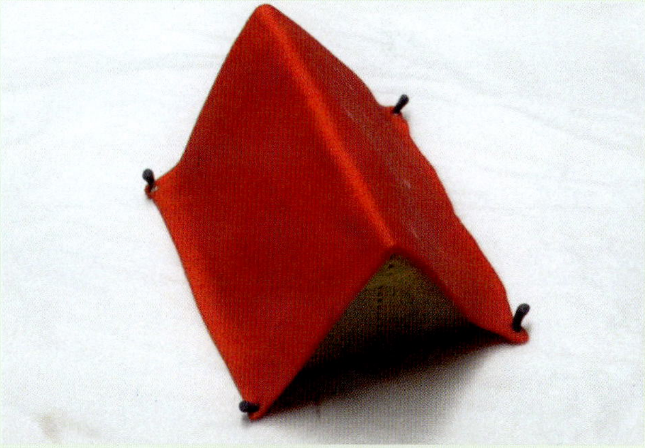

5>

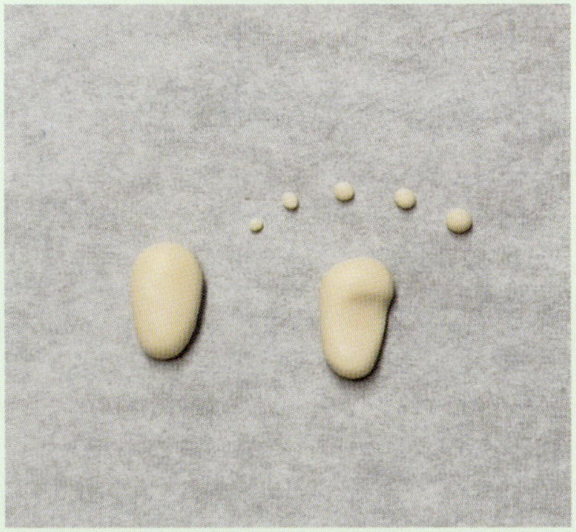

6>

7>

8 > 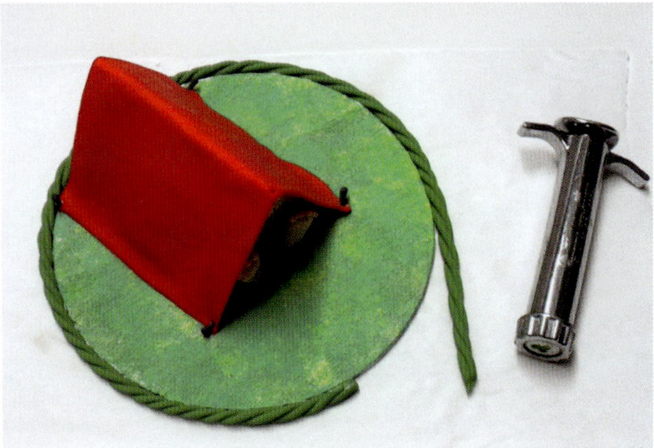

9 > 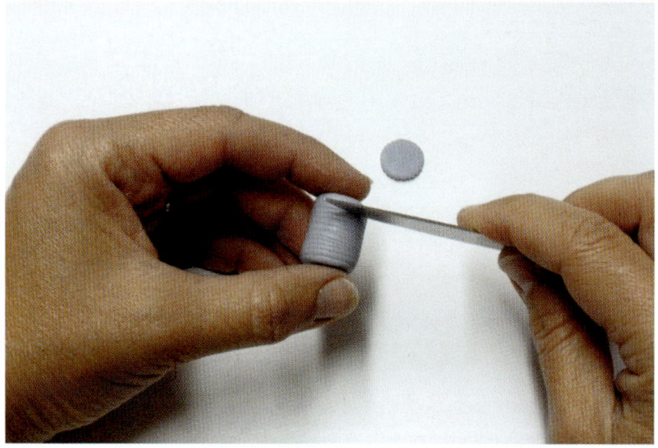

10 > 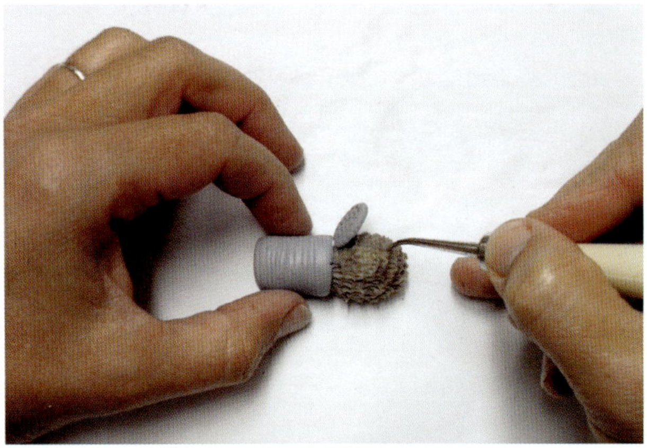

ASTUCE

Imitez le couvercle découpé à l'ouvre-boîte en crantant le bord de la pastille avec la lame d'un couteau.

CONSEIL

Collez ensemble les bouts de la torsade qui borde le socle, sinon ils s'écarteront au séchage. Si toutefois vous oubliez, vous pourrez combler le manque avec des petites fleurs.

7. Collez une torsade faite à la seringue autour du socle (photo 8).
8. Modelez une boîte de conserve grise de 2 cm (un boudin strié + une pastille). Creusez un côté (photo 9).
9. Modelez une poire de 2 cm, collez-la dans le creux du cylindre et griffez-la pour imiter les piquants du hérisson. Collez le couvercle au-dessus, puis collez sur le socle (photo 10).

10. Moulez (ou modelez) des tongs, collez sur le socle (photo 11).
11. Modelez les lapins comme illustré, collez sur le socle (photos 12 et 13).
12. Formez les buissons en modelant des boulettes vertes piquetées. Collez sur le socle (photo 14).

CONSEIL

Collez un ovale de pâte blanche sur le ventre du lapin assis, marquez le nombril, il sera plus mignon !

11 >

12 >

13 >

14 >

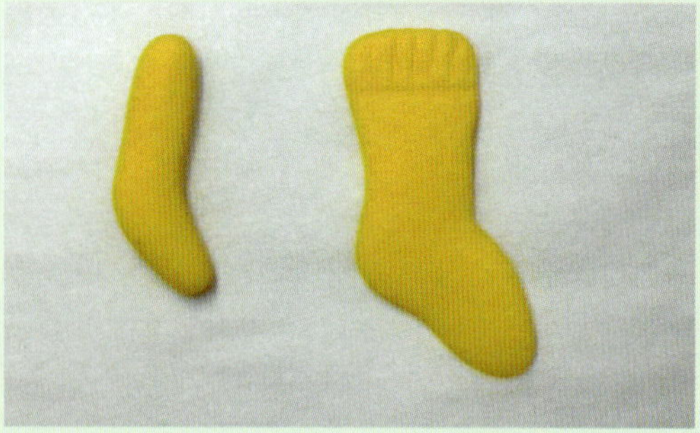

15 >

16 >

13. Modelez les chaussettes à partir d'un fin boudin aplati, striez le haut, peignez des rayures, collez à cheval sur la tente (photo 15).

14. Moulez des fleurs et des feuilles, collez sur le socle (photo 16).

15. Enfoncez la tige porte-photo dans un buisson.

16. Nouez un petit morceau de ficelle tendue entre le sommet de la tente et le tour du socle percés tant qu'ils sont encore mous (photo 17).

17 >

ASTUCE

Collez des graviers sur le socle et des petites boulettes rouges dans les buissons pour donner plus de réalisme à la scène.

CONSEIL

Vernissez votre réalisation en mat à la bombe, puis passez une couche de peinture argent sur la boîte de conserve. Vous pouvez aussi passer du vernis brillant sur la tige porte-photo si elle est en métal.

Placez une photo de vos vacances dans la spirale, pour que les bons souvenirs de l'été vous accompagnent toute l'année !

PARURE ICE CREAM

MATÉRIEL

> Outils de base
> Cordon velours chocolat
> Pince à bijoux
> Fil métallique fin
> Fermoir
> Support bague
> Plaque de texture « gaufrette »
> Emporte-pièce rond festonné 4,5 cm
> Seringue extrudeuse embout trèfle ou étoile
> Petite perle rouge
> Porcelaine à modeler ocre jaune, blanche, chocolat

Comment faire ?

1. Étalez la pâte ocre jaune finement, marquez avec la plaque de texture, coupez un rond (photos 1 et 2).

2. Roulez en cône et collez les bords, placez deux boudins blanc et chocolat dans la seringue, pressez et torsadez, tirez pour couper, pour imiter la crème glacée à l'italienne (photo 3).

3. Roulez la torsade sur elle-même et collez-la dans le cône. Enroulez le fil métallique autour du manche d'un pinceau, formez un petit anneau et enfoncez-le dans la pâte (photo 4).

1>

2>

3>
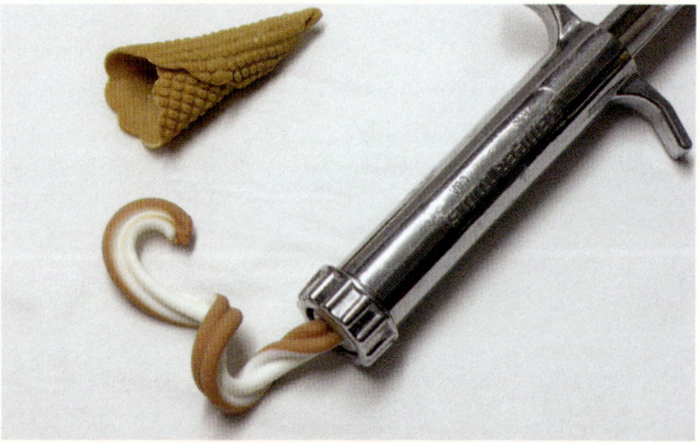

4>

5 >

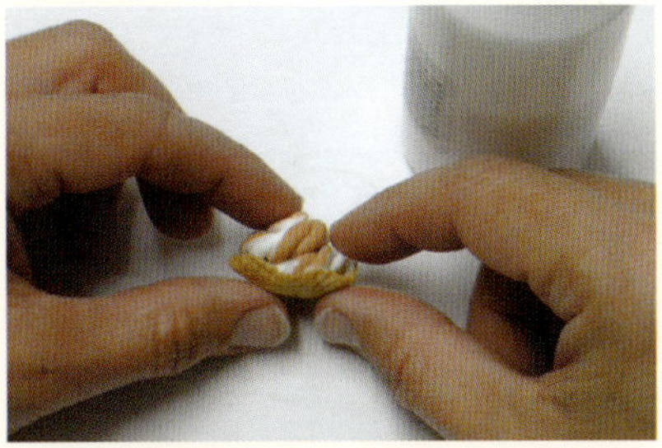

6 >

JE VOUS RECOMMANDE

Vernissez avec du glassificateur (voir le carnet d'adresses page 118) protecteur avant de passer une couche de vernis mat, ainsi vous pourrez porter vos bijoux sans craindre qu'ils se salissent ou s'abîment au contact de l'eau ou de la peau.

CONSEIL

Les seringues à visser ne sont pas adaptées si vous emballez votre pâte dans un film étirable car celui-ci se coince dans le pas de vis !

4. Collez la petite perle rouge (cerise confite), laissez sécher et vernissez.
5. Passez le cordon velours dans l'anneau, ajustez à la longueur désirée et montez le fermoir.
6. Reprenez les étapes 1 et 2 du modèle pendentif pour réaliser la bague.
7. Placez le fond gaufré sur un bouchon pour lui donner la forme d'une coupelle (photo 5). Le procédé pour obtenir la coupelle en gaufrette est le même que pour faire le cône, seule la mise en forme diffère.
8. Faites la crème glacée comme indiqué à l'étape 2 et 3, collez dans la coupelle (photo 6).
9. Laissez durcir pendant quelques heures avant de coller sur le support bague et vernissez.

COCCINELLE, VA DIRE AU BON DIEU QU'IL FASSE BEAU DEMAIN !

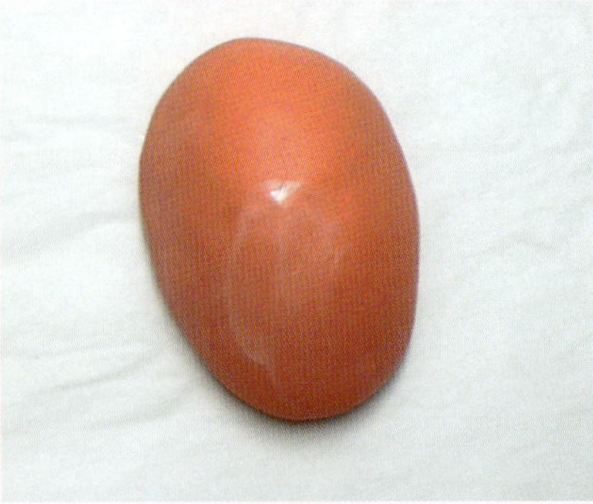

1>

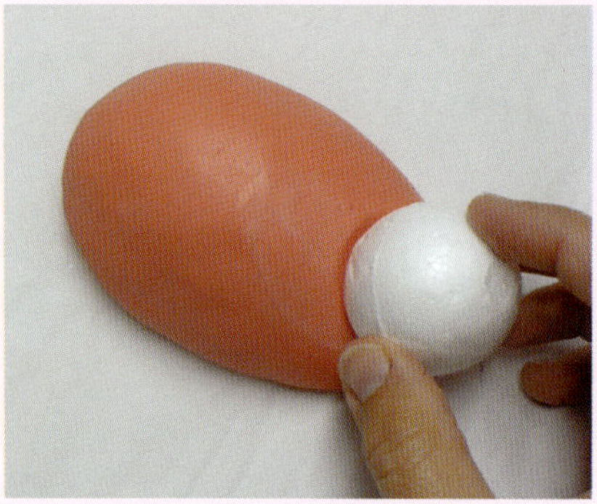

2>

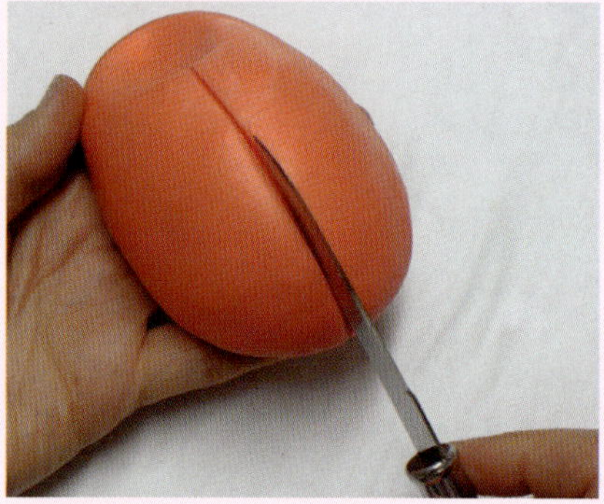

3>

4>

5>

Comment faire ?

1. Formez un ovale de 8 cm, aplatissez sa base sur la table (photo 1).

2. Marquez l'emplacement de la tête (photo 2).

3. Séparez les ailes en marquant un trait dans la longueur avec le dos d'un couteau (photo 3).

4. Modelez une boule noire de 4 cm pour la tête, collez sur le corps. Coupez un cœur dans la pâte chair, arrondissez la pointe, collez sur la tête. Ajoutez une boulette rouge pour le nez (photo 4).

5. Marquez le sourire avec le bouchon de feutre, creusez la bouche avec la mirette et glissez-y une très petite pastille rouge. Marquez les commissures du sourire avec la mirette (photo 5).

MATÉRIEL

> Outils de base
> Gabarit page 105
> Emporte-pièce cœur 3,5 cm
> Bouchon de feutre
> 50 cm de cure-pipe noir
> 30 cm de fil métallique de 1 mm de diamètre
> Porcelaine à modeler rouge, noire, chair

CONSEIL

Pour obtenir une surface nette, lissez la pâte du plat de la main.

COCCINELLE, VA DIRE AU BON DIEU QU'IL FASSE BEAU DEMAIN !

6 > 

7 > 

8 > 

9 > 

6. Modelez six pastilles noires, collez sur chaque aile (photo 6).

7. Coupez six morceaux de cure-pipe de 6 cm, enfoncez-y six boudins noirs et plantez dans le corps avec un point de colle (photo 7).

8. Coupez le fil métallique en deux, roulez une extrémité en spirale, et plantez les antennes dans la tête avec un point de colle (photo 8).

9. Modelez deux carottes noires, striez-les dans la longueur, faites-les onduler et collez entre les antennes (photo 9).

10. Peignez les yeux et laissez sécher complètement avant de vernir en mat.

11. Repassez une couche de vernis brillant sur les ailes et les pieds.

ASTUCE

Utilisez un tube de perles de rocaille comme emporte-pièce pour découper les points de la coccinelle. Placez un film étirable sur la pâte pour que celle-ci ne reste pas coincée dans le tube.

MARGUERITE LA VACHE

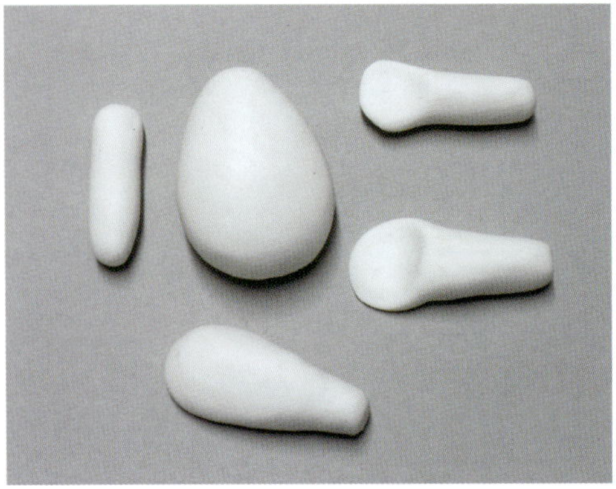

1>

2>

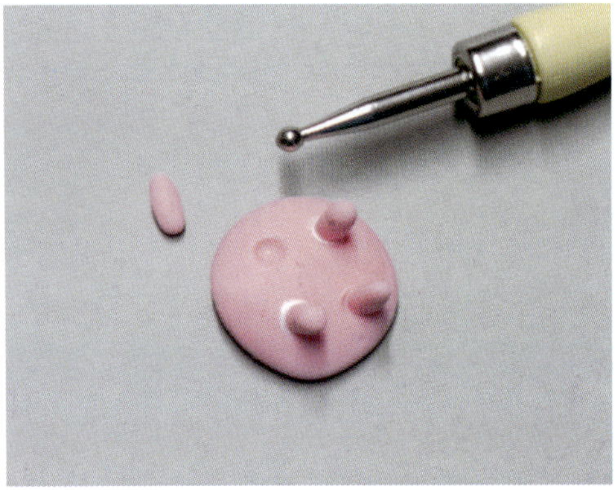

3>

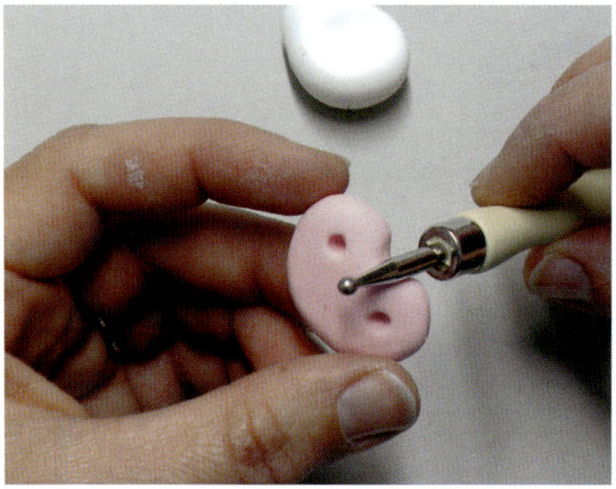

4>

MATÉRIEL

- ***> Outils de base***
- ***> Gabarit page 106***
- ***> Tableau mémo blanc de 30 x 40 cm***
- ***> Peinture acrylique vert pistache***
- ***> Serviette en papier avec un décor de fond « ciel »***
- ***> Emporte-pièces marguerite + feuille de chêne***
- ***> 30 cm de ficelle brune***
- ***> 3 pinces à linge miniatures en bois***
- ***> Peinture or***
- ***> Pique à brochette***
- ***> Porcelaine à modeler blanche, noire, rose pâle, verte, jaune paille***

Comment faire ?

1. Modelez le corps et des gigots pour les pattes arrière. Modelez les pattes avant. Aplatissez les parties des pattes qui seront en arrière-plan. Collez des taches noires sur le corps et les pattes (photo 1).

2. Modelez quatre sabots gris, marquez le milieu avec le dos d'un couteau, collez au bout des pattes et assemblez le corps et les pattes (photo 2).

3. Modelez les pis. Collez sur le ventre (photo 3).

4. Modelez la tête, le museau, creusez les naseaux. Collez le museau sur la tête (photo 4).

5 >

6 >

JE VOUS RECOMMANDE

Pensez à recouper le cure-dent pour qu'il ne ressorte pas sous la vache à cause de la rétractation !

CONSEIL

Creusez les sabots avec la mirette pour qu'ils s'emboîtent au bout des pattes.

5. Modelez des gouttes noires et roses, superposez et creusez avec la mirette, modelez trois mèches noires (photo 5).
6. Collez les oreilles, les poils et deux cônes pour les cornes.
7. Modelez un cône arrondi et creux pour la cloche, ajoutez une goutte noire. Plantez un cure-dent dans le corps, collez la tête et la cloche. Collez une petite fleur sur le museau (photo 6).
8. Modelez la queue (photo 7).

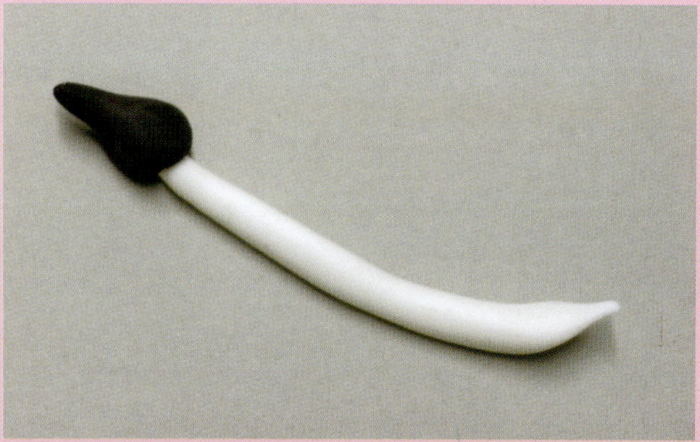

7 >

9. Modelez un cône jaune paille, striez-le au couteau. Recoupez la brochette sur 9 cm, plantez-la dans la meule. Réservez (photo 8).

10. Peignez les yeux de la vache, rosissez ses joues, peignez la cloche en or.

11. Découpez 14 marguerites blanches et fines, superposez-les par deux, collez un cœur jaune au centre, griffez-le. Modelez trois tiges et coupez dix feuilles vertes (photo 9).

8 >

9 >

CONSEIL

Pincez l'arrondi des feuilles pour imiter celles des marguerites.

ASTUCE

Placez une feuille plastifiée transparente sur la page, vous ne salirez pas votre livre en posant la pâte dessus ! Vous pouvez aussi photocopier le gabarit.

JE VOUS RECOMMANDE

Laissez sécher tous les éléments avant de les vernir puis collez-les sur le tableau.

Une double fonction pour votre tableau : collez une ficelle en haut du tableau, dissimulez les bouts avec des fleurs, et accrochez-y des mini-pinces à linge, vous pourrez ainsi conserver vos petits papiers, numéros de téléphone et autres tickets de caisse...

APRÈS L'AVERSE

Comment faire ?

1. Peignez le tube en gris, faites des petits points gris foncé, laissez sécher et collez sur la planchette (photo 1).

2. Mélangez les deux pâtes grises, étalez un carré de 15 cm sur 5 mm d'épaisseur, découpez à la roulette à pizza (photos 2 et 3).

3. Arrondissez les angles (photo 4).

4. Roulez un boudin gris plus long que le tour du tube, coupez-le en tronçons, formez les pavés et collez (photos 5 et 6).

5. Modelez un boudin gris, collez en haut du tube. Étalez la pâte gris clair sur 2 mm, coupez-y des rectangles de 1,5 x 1 cm. Formez deux rangées de tuiles, collez-les sur le boudin (photo 7).

MATÉRIEL

- > Planchette 21 x 10,5 cm
- > Gabarit page 107
- > Tube en carton 6 cm
- > Peinture jaune, gris clair et gris foncé
- > Seringue
- > Pinceau gomme
- > Emporte-pièce ovale de 3 cm
- > Ébauchoir cranté
- > Deux piques à brochette
- > Porcelaine jaune citron, bleu jean, rouille, rouge, chair, gris clair et foncé

1>

2>

3>

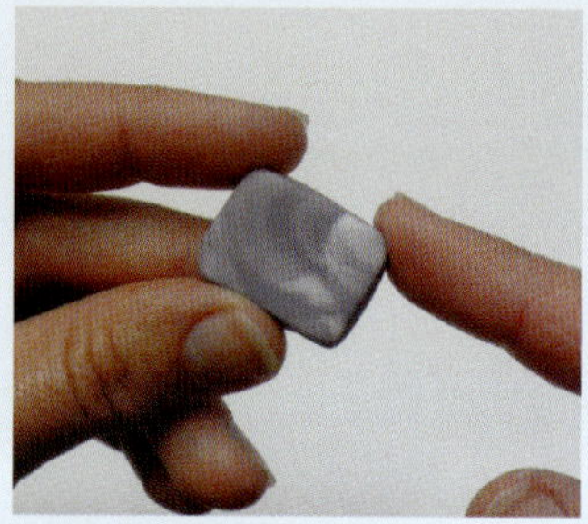

4>

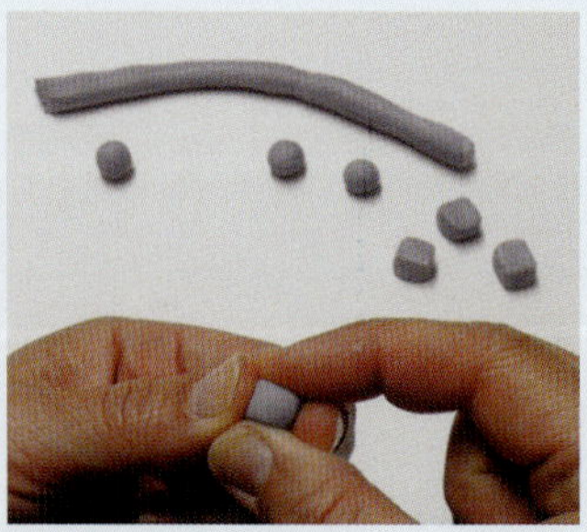

5>

6>

7>

CONSEIL

Vernissez la planche pour que le bois ne gondole pas.

ASTUCE

Collez les extrémités des boudins ensemble pour éviter qu'ils s'écartent à la rétractation.

JE VOUS RECOMMANDE

Soutenez les tuiles avec une bande de film étirable froissée entourée autour du tube.

APRÈS L'AVERSE

6. Sortez un ruban en forme de triangle avec la seringue, collez-le au ras des tuiles (photos 8 et 9).
7. Modelez le visage **(voir page 79)**, réservez (photo 10).
8. Mélangez un peu de rouille avec le jaune, étalez sur 2 mm, découpez deux ovales (photo 11).
9. Modelez un boudin rouge de 7 x 2 cm, coupez-le en deux. Pliez en marquant le milieu avec le doigt (photo 12).
10. Aplatissez le dessous de la botte sur la table, repoussez la cheville (photo 13).
11. Collez les semelles, marquez les talons, striez les côtés. Réservez (photo 14).

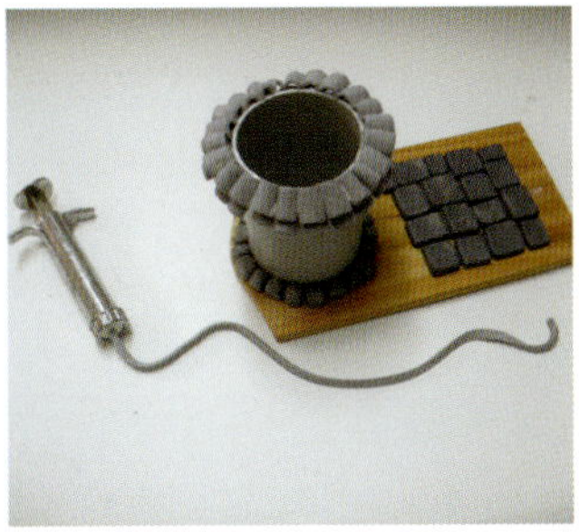

8 >

9 >

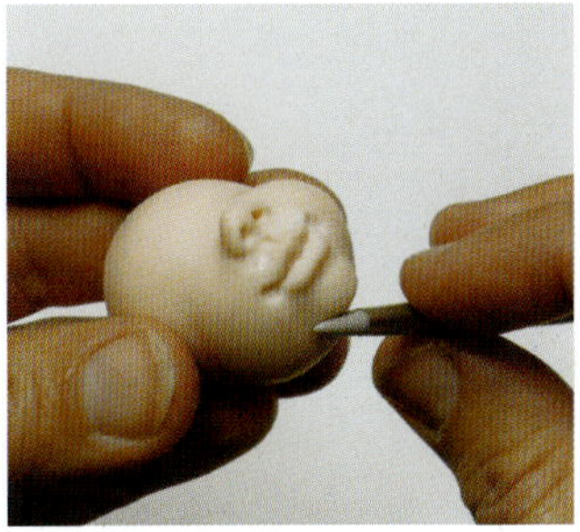

10 >

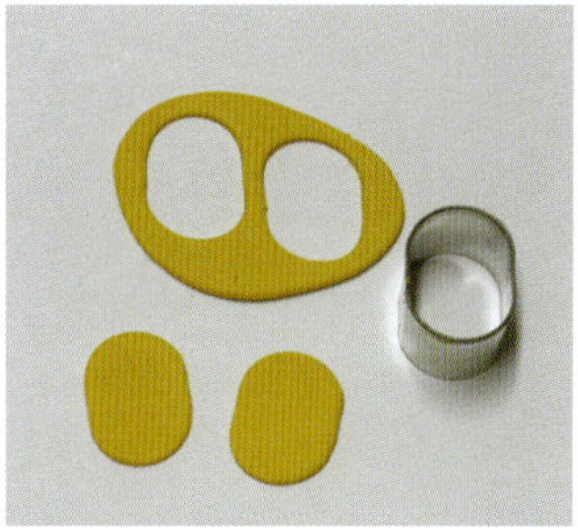

11 >

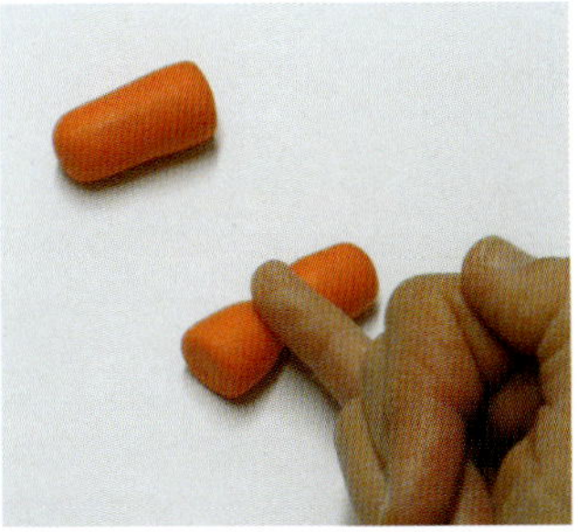

12 >

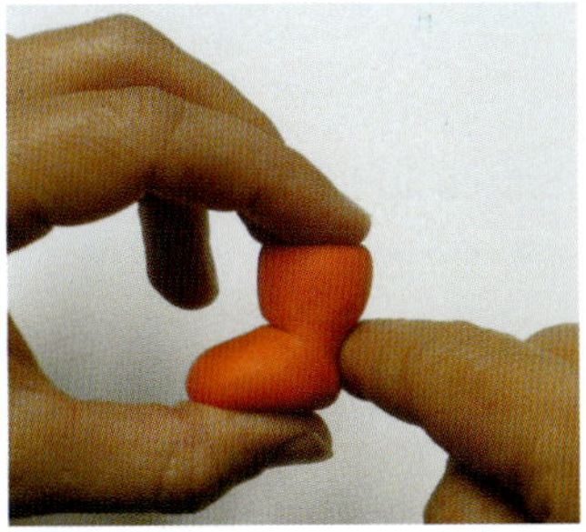

13 >

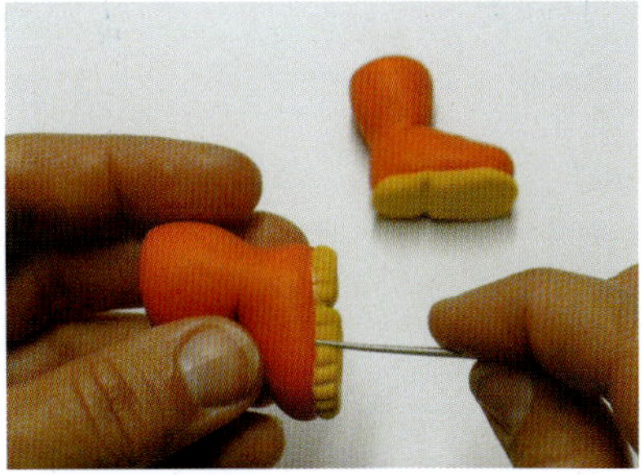

14 >

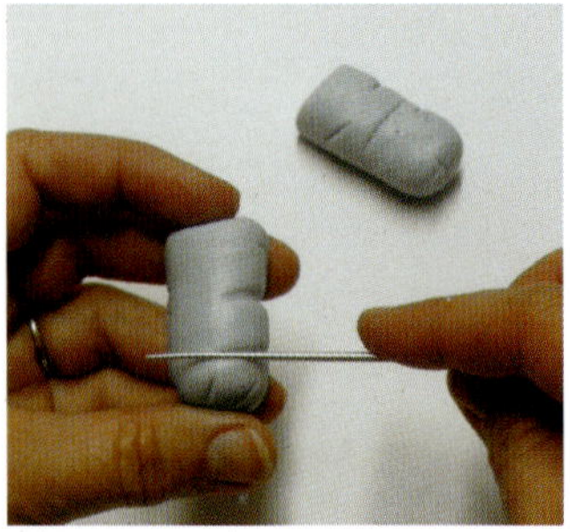

15 >

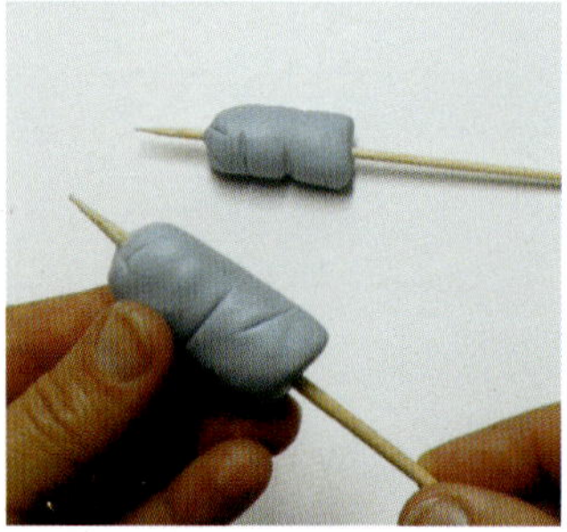

16 >

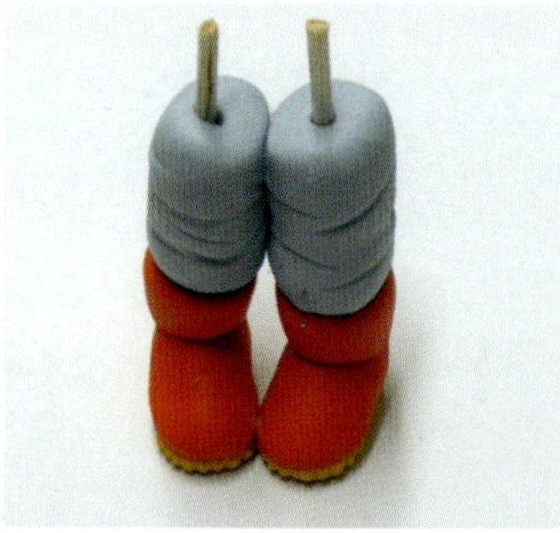

17 >

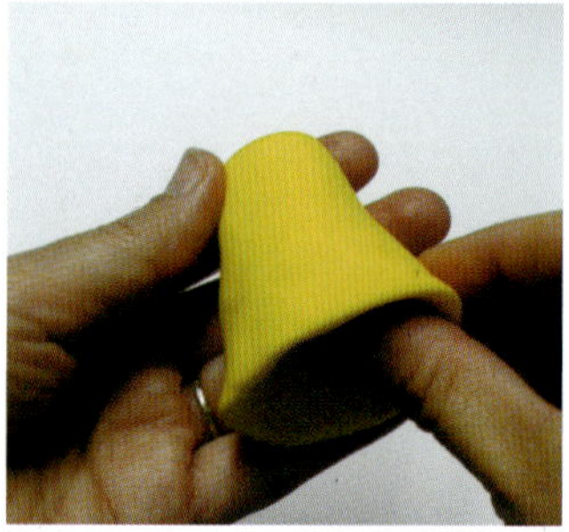

18 >

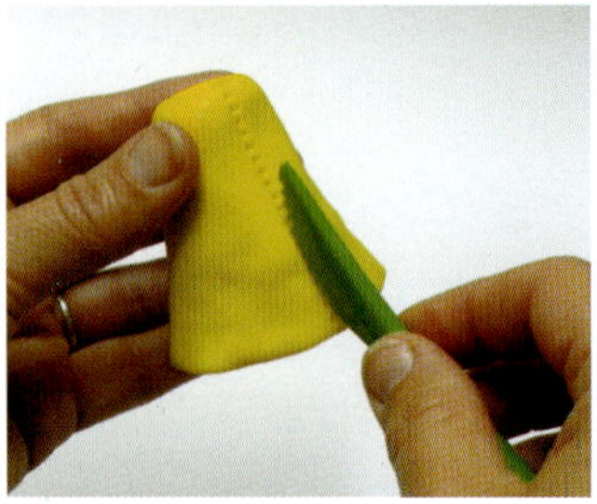

19 >

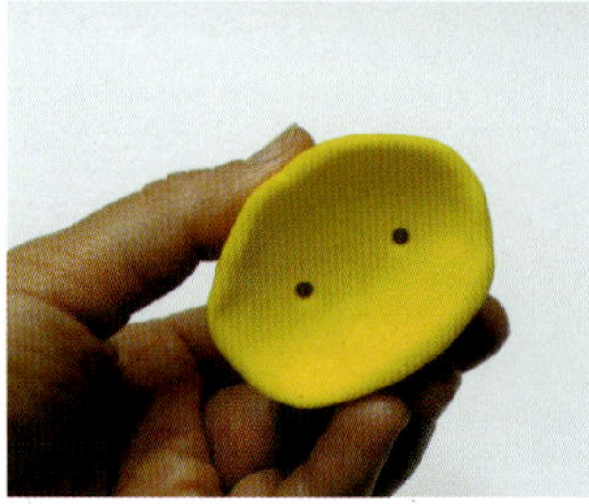

20 >

21 >

12. Modelez deux boudins bleus de 4 x 2 cm, marquez les plis du tissu (photo 15).
13. Enfilez sur les piques en vissant, puis creusez le haut des bottes et enfoncez-y les piques avec de la colle (photos 16 et 17).
14. Modelez un cône jaune à partir d'une boule de 5 cm, creusez le dessous (photo 18).
15. Marquez la glissière avec l'ébauchoir et trouez l'emplacement des jambes (photos 19 et 20).
16. Découpez deux ovales jaunes ; coupez en biais comme illustré (photo 21).

CONSEIL

Ne transpercez pas les bottes de part en part avec la pique à brochette, sauf si vous percez ensuite le socle pour mieux y arrimer le personnage.

22 >

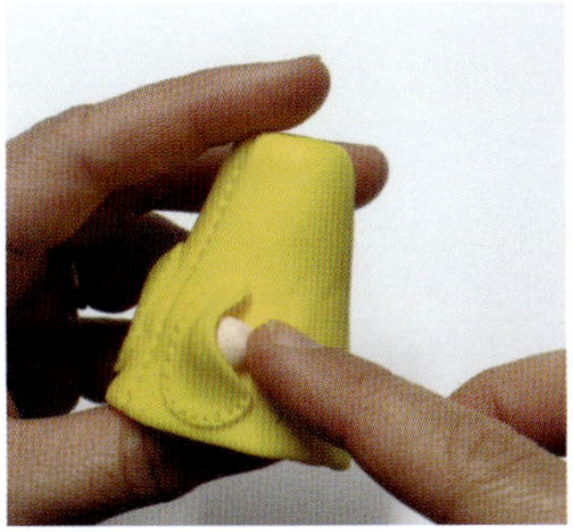

23 >

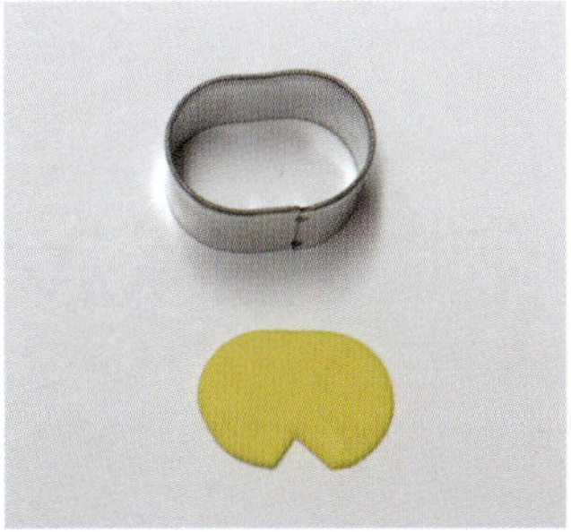

24 >

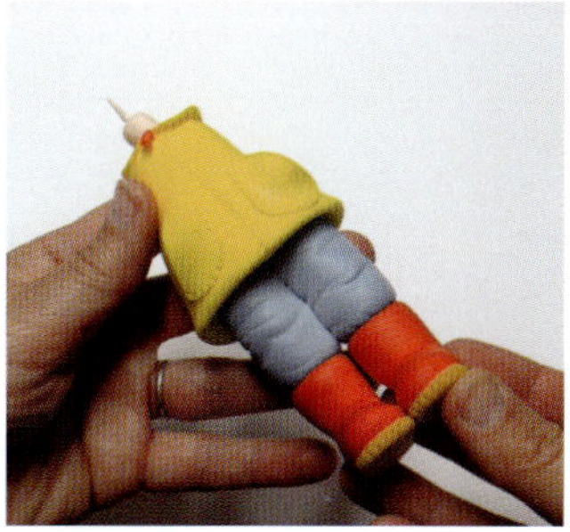

25 >

26 >

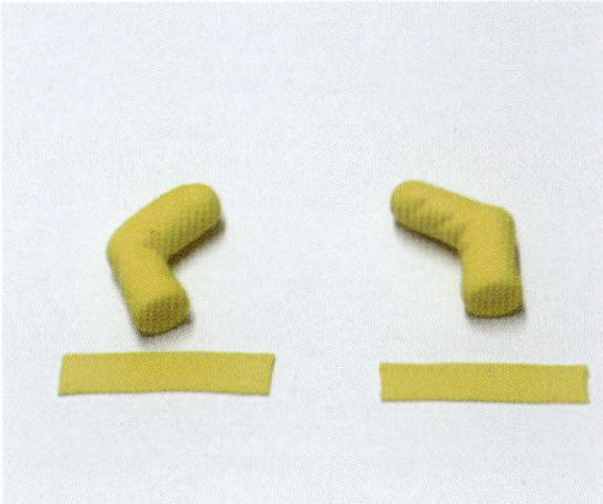

27 >

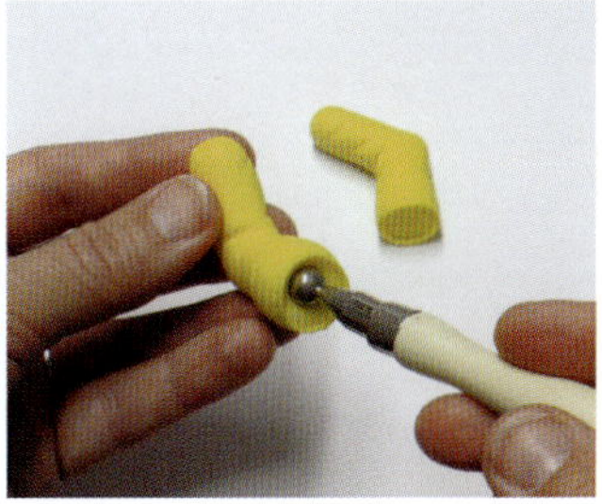

28 >

JE VOUS RECOMMANDE

Enfoncez un cure-dent dans le cou en le vissant pour ne pas écraser le modelage.

CONSEIL

Marquez les plis des coudes avec un couteau avant de plier les bras.

ASTUCE

N'oubliez pas le curseur de la glissière sous le col, ici une petite languette rouge repliée.

17. Collez sur la veste en laissant bâiller, surpiquez les coutures à l'aiguille (photo 22).
18. Glissez une boulette chair dans la poche gauche (photo 23).
19. Coupez un ovale jaune, pour le col. Collez sur la veste (photo 24).
20. Assemblez les jambes et le corps, maintenez avec de la fibre (photos 25 et 26).
21. Modelez un boudin chair de 2 x 1 cm, creusez le haut de la veste, collez le cou.
22. Modelez deux boudins jaunes de 5 x 1,5 cm, pliez. Coupez deux rubans jaunes sur 1 cm de large, entourez le bas des manches en recoupant l'excédent, surpiquez les bords et creusez le bas (photos 27 et 28).

23. Modelez la main droite **(voir page 97)** et collez comme illustré (photo 29).
24. Collez les bras au corps (photo 30).
25. Peignez le visage **(voir page 79)**, collez la tête sur le cou.
26. Modelez les oreilles, collez sur la tête.
27. Modelez des mèches rouille et brunes, collez autour du visage (photo 31).
28. Modelez un cône aplati à partir d'une boule de 2,5 cm, marquez le milieu (photo 32).
29. Affinez la partie inférieure entre vos doigts pour obtenir les bords du chapeau, adaptez à la tête.
30. Surpiquez les bords et le haut, collez sur la tête (photo 33).
31. Moulez des feuilles mortes.

ASTUCE

Les oreilles sont faites à partir de gouttes creusées.

CONSEIL

Utilisez la même technique que pour la robe de la sorcière pour affiner les bords du chapeau de pluie (voir page 49).

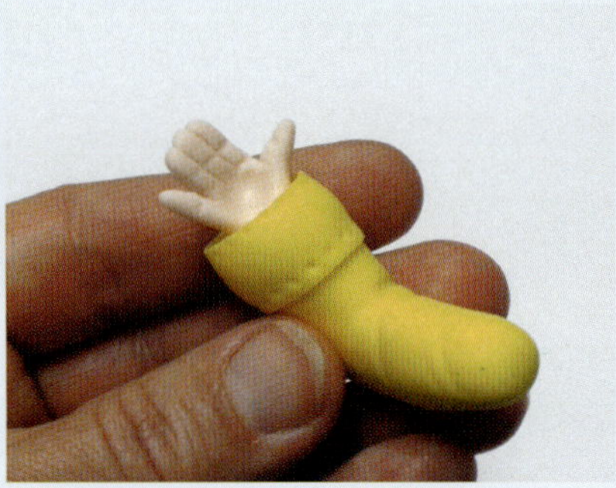

29 >

30 >

31 >

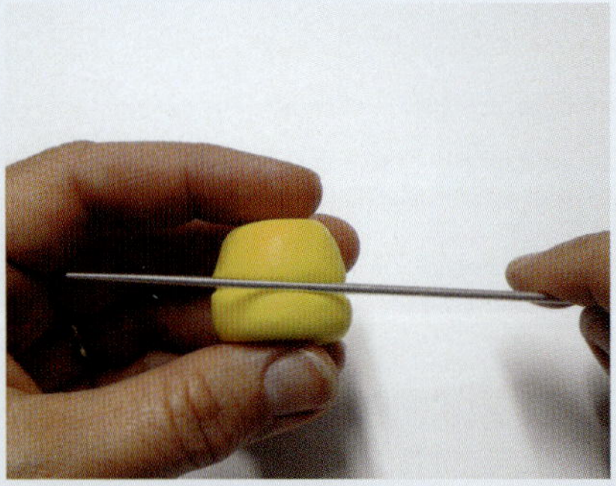

32 >

33 >

JE VOUS RECOMMANDE

Vous pouvez modeler le parapluie d'après le gabarit (page 107), ou simplement utiliser un parapluie en papier.

CONSEIL

Imitez la pluie en déposant quelques gouttes de résine sur les pavés et les tuiles. Votre colle peut aussi imiter l'effet pluie si elle devient transparente en séchant.

APRÈS L'AVERSE

Soutenez votre sujet pendant toute la durée du séchage, à l'avant comme à l'arrière en intercalant de la fibre entre la pâte et l'appui. Autrement vous risquez de le voir s'effondrer, et les dégâts seraient alors difficilement réparables.

Vernissez le chapeau, les feuilles et les bottes en brillant, ils donneront l'impression d'être mouillés !

ASTUCE

Imprimez des affiches au format miniature dénichées sur Internet, ou découpez-les dans des magazines, vous en agrémenterez le pot qui ressemblera alors tout à fait aux colonnes Morris que l'on peut voir dans les grandes villes ! Vous pouvez aussi imiter les tags !

LE LUTIN CACHÉ SOUS SON CHAPEAU

Comment faire ?

1. Faites des boudins étroits de chaque couleur, appliquez-les ensemble, roulez pour ne faire qu'un seul boudin, repliez et recommencez cinq fois, puis tortillez pour obtenir une jolie marbrure (photo 1).

2. Faites une boule de 2,5 cm, puis faites-en un cône (photos 2 et 3).

3. Modelez les pieds **(voir page 28)** en exagérant la taille du gros orteil. Collez sous le cône et marquez les ongles (photo 4).

4. Percez le sommet du cône, laissez sécher et vernissez ; enfilez un cordon ou une attache.

MATÉRIEL

> Outils de base
> Petite paille
> Cordon ou attache pour porte-clés
> Porcelaine à modeler marron clair, rouille foncé, vert feuille

ASTUCE

Si vous n'avez pas de petite paille, vous pouvez aussi utiliser un vieux pinceau, la virole dégarnie de ses poils fera très bien l'affaire pour marquer les ongles.

1>

2>

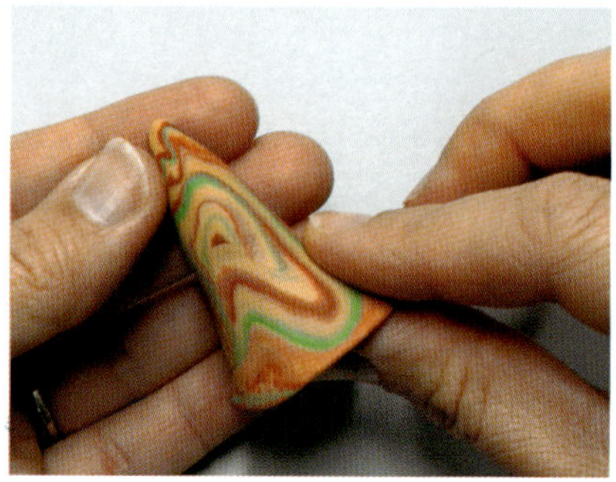

3>

CONSEIL

C'est un lutin, vous pouvez ne faire que quatre orteils !

4>

LE LUTIN CACHÉ SOUS SON CHAPEAU

Pendentif, porte-clés, grigri, bijou de sac… et pourquoi pas tout ceci à la fois ? À vous de choisir ce que vous aurez envie de créer à partir de cette idée !

Changez les couleurs, et votre création sera différente à chaque fois !

LE CHAUDRON DE LA SORCIÈRE

1>

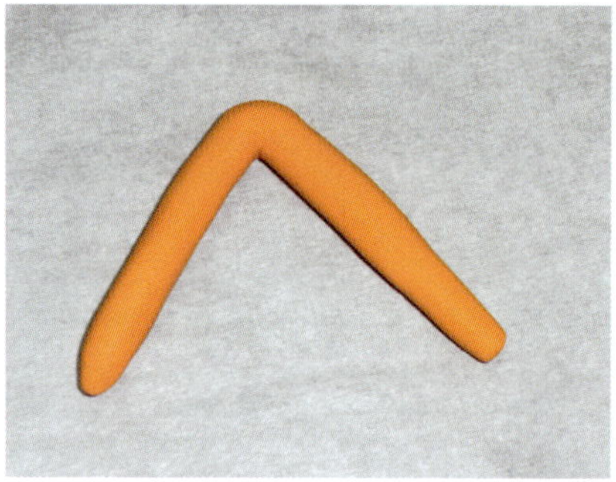

2>

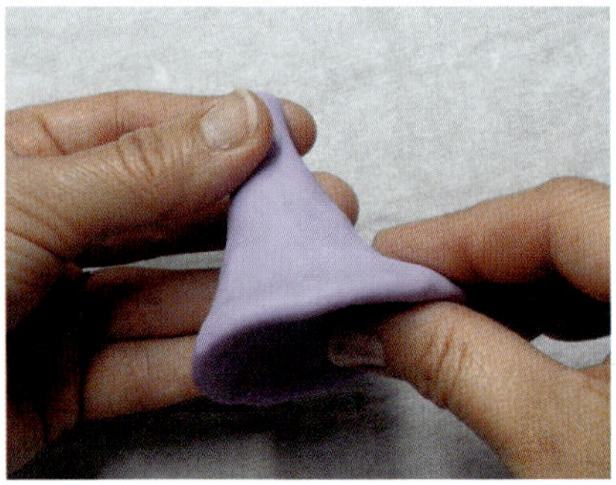

3>

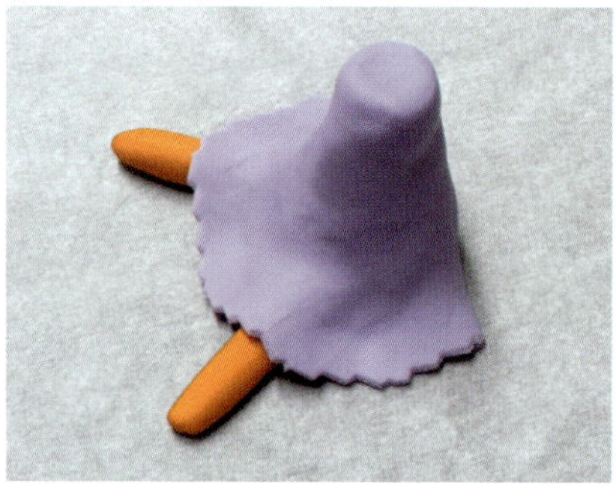

4>

Comment faire ?

1. Peignez le socle et le ramequin en noir.
2. Modelez deux boules orange de 3,5 et 4,5 cm, aplatissez légèrement et striez-les avec une aiguille, collez un boudin vert entortillé et quelques feuilles au sommet. Réservez (photo 1).
3. Modelez un boudin orange de 12 cm, pliez-le en V (photo 2).
4. Modelez un cône de 6 cm de haut et de 3,5 cm à la base, creusez et affinez la base, recoupez le bas aux ciseaux à festons (photo 3).
5. Collez la robe sur les jambes (photo 4).

MATÉRIEL

> Outils de base
> Gabarit page 108
> Moule silicone ou emporte-pièce feuille
> Socle rond de 15 cm
> Ramequin en verre
> Ciseaux à festons
> Bille en verre
> Emporte-pièce fleur de 3 cm
> Peinture acrylique noire, argent
> Sable végétal jaune et vert
> Mèche à bougie
> Porcelaine à modeler orange, mauve, noire, verte, chair, marron clair

ASTUCE

Récupérez un fond de boîte à fromage comme socle.

CONSEIL

À défaut d'emporte-pièce en forme de marguerite, vous pouvez découper deux ronds et les festonner avec une mirette, ou encore découper un double col carré, l'un comme l'autre resteront adaptés au personnage.

LE CHAUDRON DE LA SORCIÈRE

5>

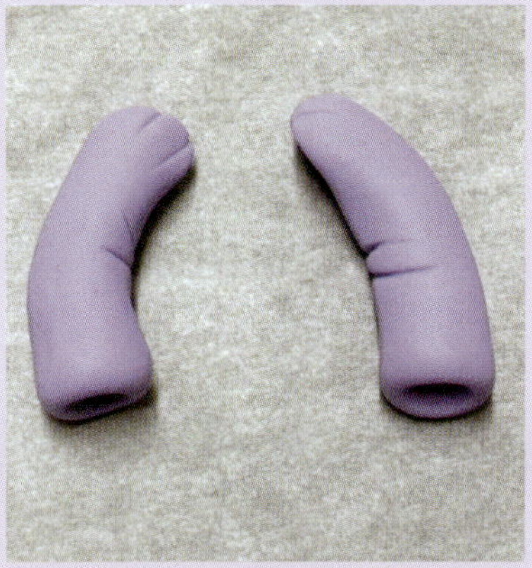

6>

6. Modelez une carotte tordue de 3,5 cm, creusez le bout et collez aux jambes (photo 5).

7. Modelez deux boudins mauves de 5 cm, pliez et marquez les plis, creusez le bas (photo 6).

8. Collez les bras au corps. Modelez les mains **(voir page 97)**, collez au bas des manches, collez la bille sur les mains, soutenez avec de la fibre (photo 7).

9. Étalez la pâte noire sur 3 mm d'épaisseur, coupez une fleur, repassez le rouleau dessus pour l'affiner ; étalez la pâte mauve sur 1 mm, coupez une fleur, superposez les deux couleurs (photo 8).

10. Collez sur le corps et creusez l'emplacement du cou (photo 9).

7>

8>

9>

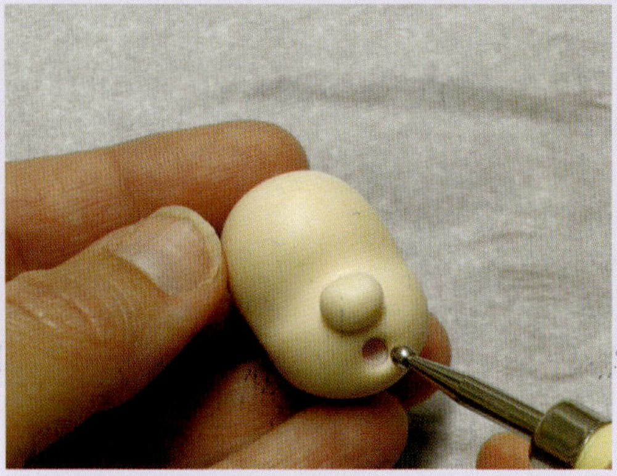

10 >

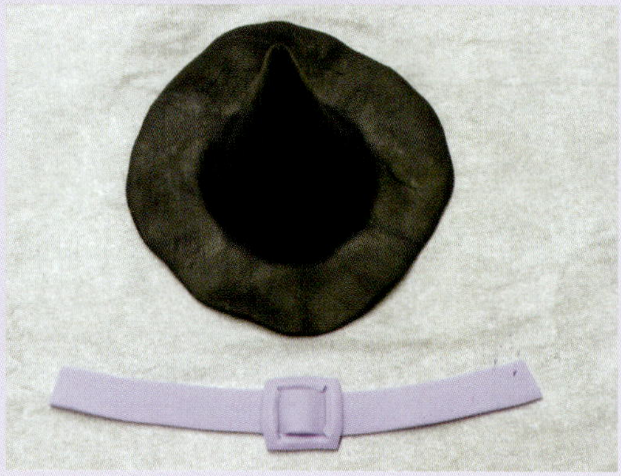

11 >

ASTUCE

La porcelaine à modeler se découpe très bien, n'hésitez pas à réaliser la frange aux ciseaux.

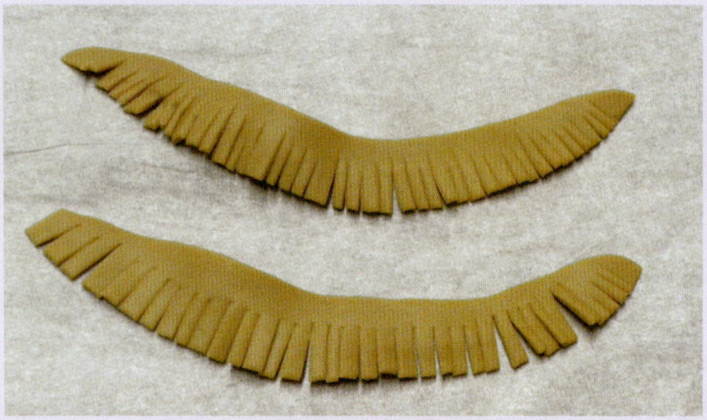

12 >

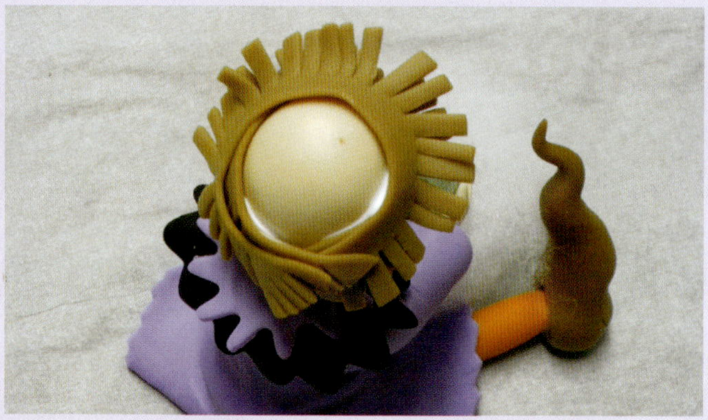

13 >

CONSEIL

Laissez durcir un peu la boucle du chapeau, vous aurez moins de mal à faire ressortir le ruban dans son milieu.

11. Modelez le visage à partir d'une boule de 2,5 cm, creusez la bouche, puis peignez les yeux et les taches de rousseur. Modelez le cou. Collez sur le col avec un cure-dent (photo 10).

12. Modelez un cône noir (comme pour la robe). Étalez la pâte mauve, coupez-y un ruban de 1 cm et une boucle carrée évidée de 1,5 cm. Collez autour du chapeau. Réservez (photo 11).

13. Découpez deux bandes marron de 1,5 cm de large, frangez-les, adaptez la longueur au tour de tête et collez (photos 12 et 13).

14 >

15 >

CONSEIL

J'ai choisi de remplir le chaudron de sable végétal, c'est de la cire à bougie présentée en petites boulettes, parfaites dans cet exemple pour imiter le bouillonnement de la potion dans le chaudron ! Mais vous pouvez bien entendu utiliser une bougie ordinaire.

JE VOUS RECOMMANDE

Repassez du vernis brillant sur la bille et les feuilles.

14. Collez le chapeau sur la tête, ajoutez deux gouttes creusées pour les oreilles.

15. Modelez l'anse du chaudron comme illustré et collez-la au ramequin (photo 14).

16. Étalez finement la pâte verte, collez sur le socle et texturez avec un tampon à récurer **(voir page 18)**. Collez des boulettes vertes sur le bord du chaudron (photo 15).

17. Collez la sorcière et les citrouilles sur le socle.

POTÉE D'AUTOMNE

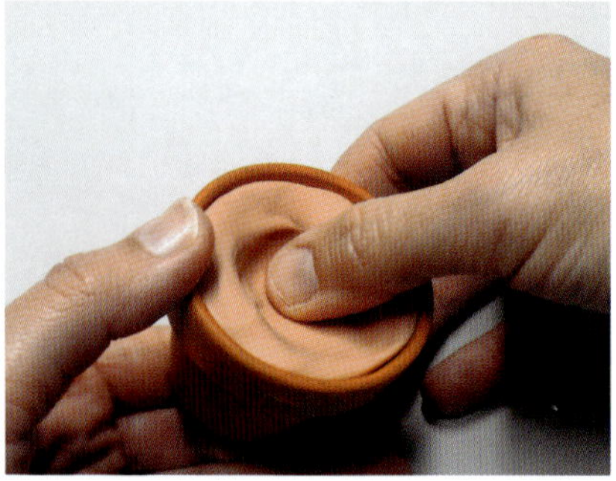

1>

2>

3>

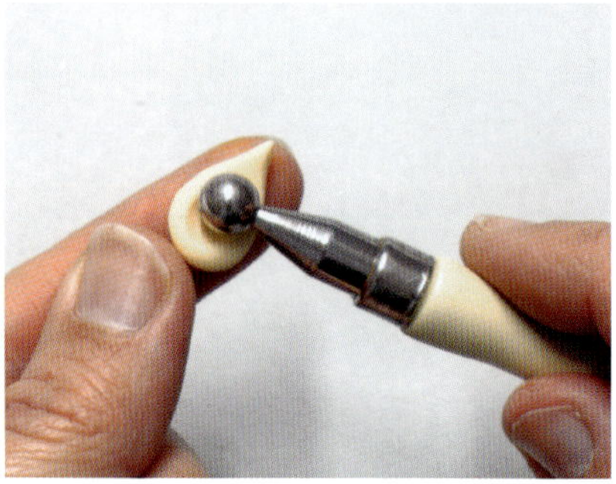

4>

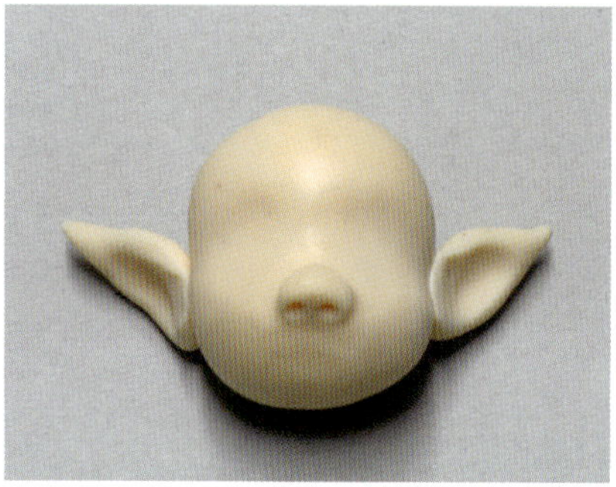

5>

MATÉRIEL

- ***Outils de base***
- ***Gabarit page 109***
- ***Mini-pot en terre cuite vernie de 5 cm de diamètre***
- ***Papier aluminium***
- ***Moule silicone feuilles***
- ***Tige porte-photo***
- ***Porcelaine à modeler chair, rouille, verte, bordeaux***

Comment faire ?

1. Remplissez le pot d'une boule de papier aluminium, recouvrez d'un rond de pâte rouille, creusez le centre (photo 1).
2. Modelez un œuf chair de 4 cm, creusez l'emplacement du cou, collez dans le pot (photo 2).
3. Modelez un boudin de 1 cm, collez dans le creux, enfoncez un cure-dent (photo 3).
4. Modelez la tête à partir d'une boule de 3 cm **(voir page 79)**.
5. Modelez deux gouttes plates creusées, collez les oreilles sur la tête (photos 4 et 5).

POTÉE D'AUTOMNE

6. Creusez l'emplacement du cou sous la tête. Enfoncez la tête sur le cure-dent avec de la colle (photo 6).

7. Modelez une pastille verte de 1 cm, ajoutez une petite boulette et un boudin formé en anneau, assemblez et collez sous le nez (photos 7 et 8).

8. Moulez des feuilles de toutes les tailles avec la pâte verte et rouille.

9. Collez autour du corps en les superposant (photo 9).

10. Modelez deux boudins chair de 3,5 x 1 cm, arrondissez les extrémités, appliquez contre le corps pour les mettre en forme (photo 10).

CONSEIL

Quand vous modelez deux parties identiques (bras, jambes), mettez le second boudin à l'abri de l'air (sous un récipient par exemple) pendant que vous travaillez sur le premier.

6 >

7 >

8 >

9 >

10 >

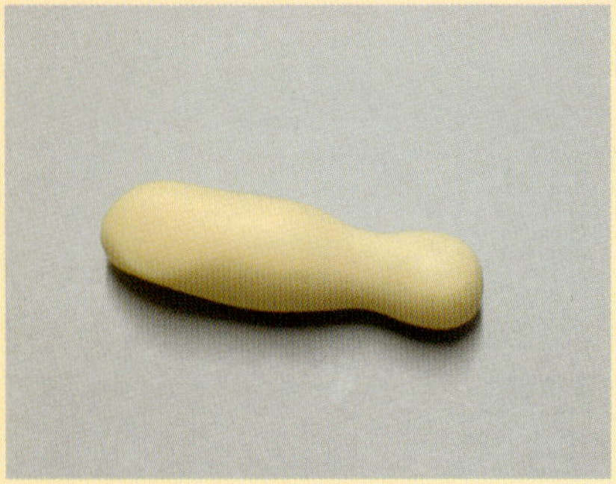

11 >

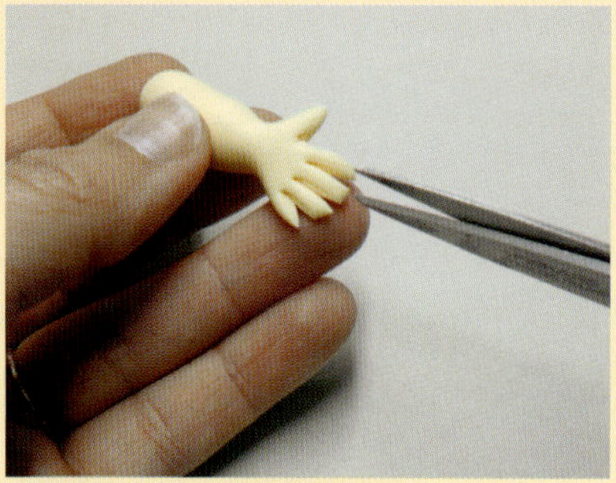

12 >

13 >

14 >

15 >

16 >

11. Affinez le poignet, coupez les doigts et lissez les traces (photos 11 et 12).
12. Marquez les plis aux poignets et aux coudes, collez sur le corps.
13. Collez un fin boudin vert et quelques feuilles autour du pot, ajoutez des baies bordeaux (photo 13).
14. Peignez le visage, laissez sécher, collez des mèches rouille autour du visage (photo 14).
15. Modelez un chapeau à partir d'un cône **(voir page 47)**, enroulez la pointe (photo 15).
16. Appliquez soigneusement le bonnet contre la nuque (photo 16). Il ne vous reste qu'à enfoncer la tige porte-photo.

ASTUCE

Placez les bras à votre convenance, vous pouvez aussi choisir de les faire tenir en l'air, dans ce cas il faut les soutenir avec de la fibre pendant le séchage.

VARIANTE

Réalisé dans d'autres coloris, ce petit lutin peut aussi servir de bonbonnière de baptême, avec un sachet de dragées attaché à la tige.

PETIT ÉCUREUIL PRÉPARE L'HIVER

1>

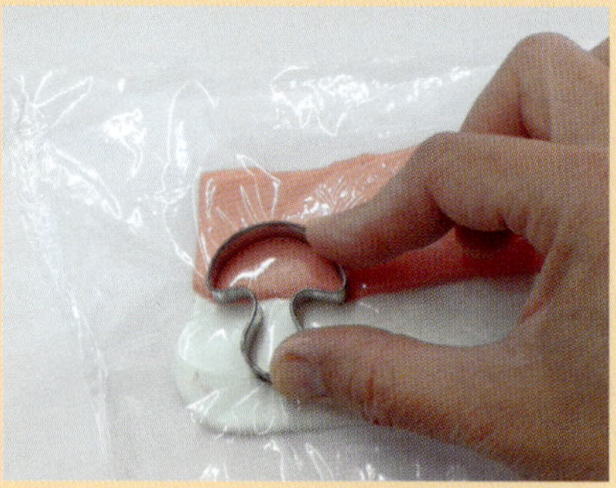

2>

3>

4>

5>

MATÉRIEL

> Outils de base
> Gabarit page 110
> Emporte-pièces feuille et champignon
> Ardoise trépied
> Porcelaine à modeler rouille, blanche, verte, rouge, marron foncé

ASTUCE

Mélangez du blanc avec un peu de rouille pour obtenir la teinte du museau et de l'intérieur des oreilles.

Comment faire ?

1. Faites un marbré en mélangeant le rouille et le vert, étalez sur 2 mm, coupez des feuilles, marquez les nervures (photo 1).

2. Étalez le rouge et le blanc sur 5 mm, mettez les deux plaques bord à bord, coupez avec un film étirable sur la pâte pour arrondir les bords. Collez des boulettes blanches sur les chapeaux (photos 2 et 3).

3. Modelez une poire rouille, creusez l'emplacement des yeux, collez deux pastilles blanches dans les trous, puis les deux perles. Modelez le museau, marquez un trait au centre, collez sous les yeux. Collez une boule marron pour la truffe, creusez la bouche (photo 5).

PETIT ÉCUREUIL PRÉPARE L'HIVER

4. Modelez deux triangles rouille et deux plus clairs, superposez-les. Collez sur la tête (photo 6).

5. Entortillez ensemble trois petits boudins, rouille, orange clair et marron, et faites-en deux carottes fines, striez au couteau et collez entre les oreilles. Piquez les moustaches (photo 7).

6. Modelez un boudin rouille de 13 cm x 1,5 cm. Délimitez les pattes, marquez les doigts au couteau (photo 8).

7. Collez sur l'ardoise, placez une boule blanche au centre et griffez-la pour imiter les poils (photo 9).

CONSEIL

Travaillez avec l'ardoise posée à plat, vous pourrez toujours soutenir les éléments avec de la fibre placée dessous.

6 >

7 >

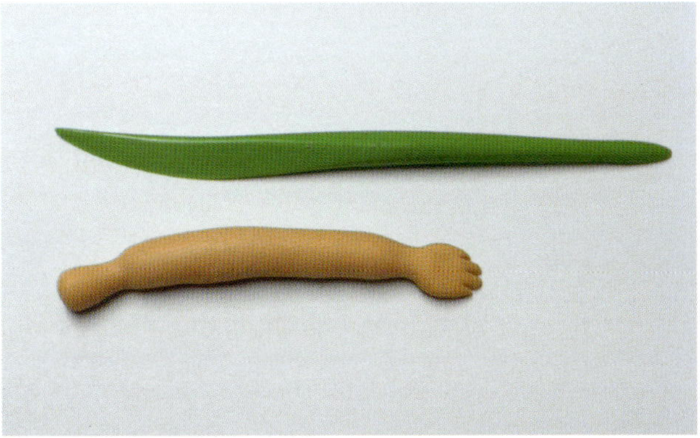

8 >

9 >

10 >

11 >

12 >

8. Collez la tête par-dessus, soutenez avec de la fibre. Collez la noisette entre les pattes.

9. Tortillez trois boudins marron, blanc, rouille ensemble, formez la queue en pointe, striez-la au couteau dans la longueur, donnez la forme et collez sur le côté de l'ardoise (photos 10 et 11).

10. Collez les champignons et les feuilles en bas de l'ardoise (photo 12).

11. Laissez sécher et vernissez en mat.

CONSEIL

Collez aussi un petit bout de la queue à l'arrière de l'ardoise, pour donner l'illusion que l'écureuil est placé derrière.

JE VOUS RECOMMANDE

Ne vernissez pas à la bombe, vous perdriez les propriétés de l'ardoise et ne pourriez plus écrire dessus ensuite ! Vernissez les yeux en brillant.

Vous pouvez fabriquer un cylindre en assemblant trois feuilles, le coller sur l'ardoise et y glisser une craie !

1>

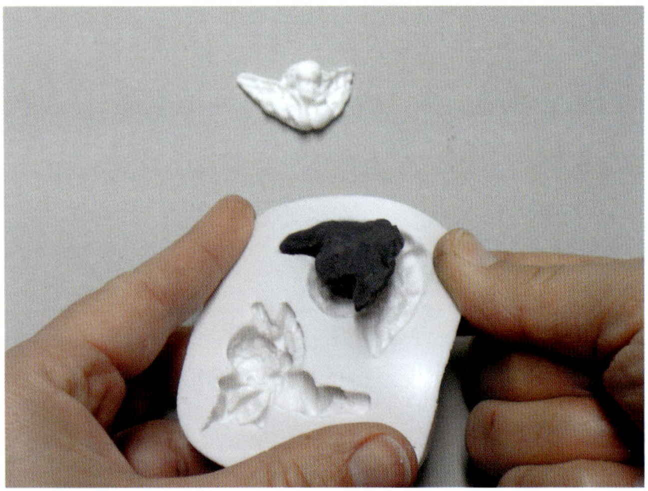

2>

Comment faire les flocons ?

1. Découpez des flocons blancs, imprimez-y le motif de la plaque de texture, découpez des flocons noirs, encollez-les et saupoudrez de paillettes (photo 1).
2. Moulez des anges blancs et noirs, collez sur les flocons (photo 2).
3. Percez la pointe au-dessus de l'ange pour y enfiler un ruban.
4. Passez de la peinture irisée sur le flocon blanc.
5. Vernissez l'arrière des flocons.

MATÉRIEL

> Outils de base
> Emporte-pièce flocon de 10 cm
> Seringue extrudeuse (3 trous)
> Moule silicone anges
> Ruban fin
> Boule en polystyrène de 8 cm
> Paillettes noires
> Peinture irisée blanche
> Plaque de texture
> Porcelaine à modeler blanche, noire

VARIANTE

Teintez de la pâte en écru, mélangez-y du sable, vous imiterez la pâte à sel.

Comment faire les boules ?

1. Formez des boudins blancs à la seringue, coupez en tronçons que vous mettrez en forme (volutes, boucles...) et coupez des petits ronds à l'emporte-pièce (photo 1).
2. Recouvrez la boule de film étirable, posez-la sur un verre et collez les volutes jusqu'à mi-hauteur.
3. Laissez sécher complètement avant de retirer la boule.
4. Peignez à la peinture irisée, vernissez et enfilez un ruban.

1>

CONSEIL

Collez soigneusement les éléments entre eux pour qu'ils ne s'écartent pas en séchant à cause de la rétractation de la pâte.

VARIANTE

Insérez des petites étoiles, des vagues... pour obtenir des boules différentes.

VEILLEUSE CHANTS DE NOËL

1 >

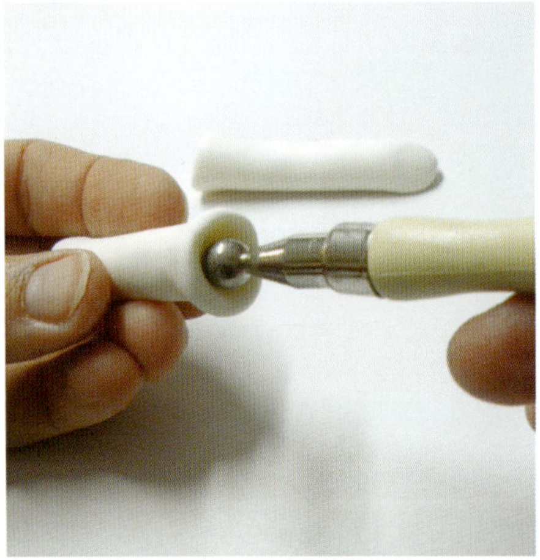

2 >

3 >

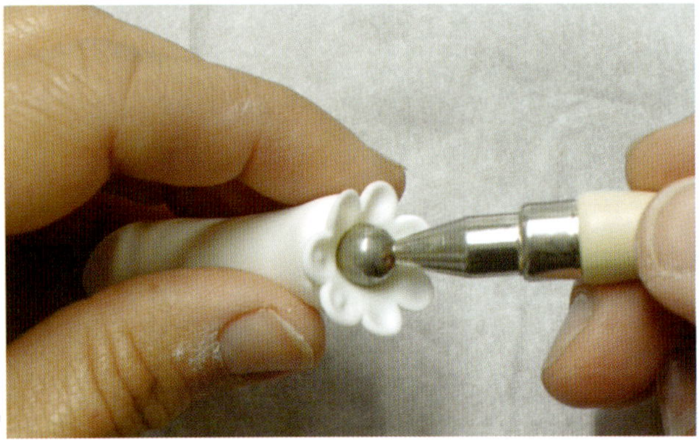

4 >

MATÉRIEL

> *Outils de base*
> *Gabarit page 111*
> *Une veilleuse cône à LED, 10 cm*
> *Ailes d'ange (7 cm)*
> *Emporte-pièces miniatures fleur et étoile*
> *Tampon étoile*
> *Paille*
> *Peinture acrylique or*
> *Porcelaine à modeler blanche, rouille, chair*

Comment faire ?

1. Modelez un petit cône dans la pâte chair, collez sur la pointe de la veilleuse (photo 1).

2. Modelez deux boudins de 6 cm, creusez le bas, affinez l'épaule. Réservez (photo 2).

3. Coupez deux fleurs, festonnez les bords, collez au bas des manches (photos 3 et 4).

CONSEIL

Poncez ou grattez le haut du cône pour que la pâte y tienne mieux (la porcelaine à modeler n'adhère pas bien au plastique).

4. Marquez les plis des coudes et collez sur l'encolure (photo 5).

5. Étalez très finement la pâte blanche et coupez-y un rectangle de 6 x 5 cm. Marquez des étoiles avec le tampon, festonnez le bord (photo 6).

6. Faites un trou au centre à l'aide d'un bouchon et collez sur les épaules (photo 7).

7. Modelez deux mains, collez au bas des manches, paumes vers le haut.

8. Coupez un rectangle de 3 x 2 cm sur 5 mm d'épaisseur pour faire le missel, creusez le centre, striez le tour (photo 8).

9. Modelez la tête, collez une boule pour le nez, creusez l'emplacement du cou et ouvrez la bouche (photo 9).

ASTUCE

Utilisez un bouchon de feutre en étoile à défaut de tampon ; vous pouvez aussi le fabriquer vous-même en collant une petite perle au bout d'un bâtonnet. Les bouchons de spray fixant pour les cheveux font de parfaits emporte-pièces.

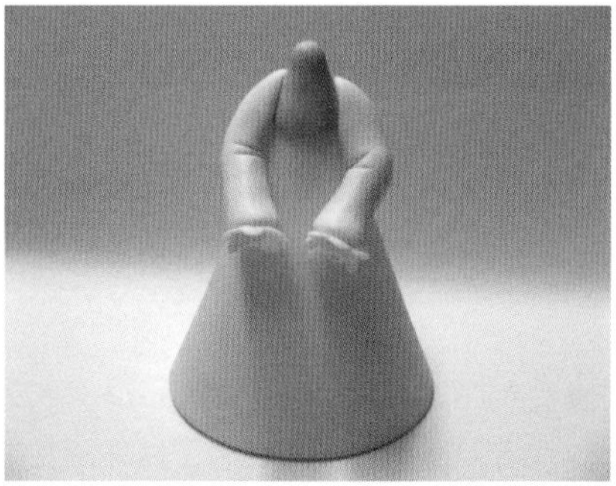

5 >

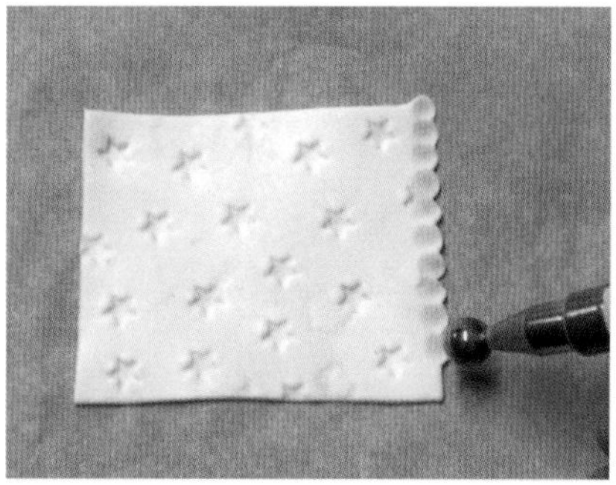

6 >

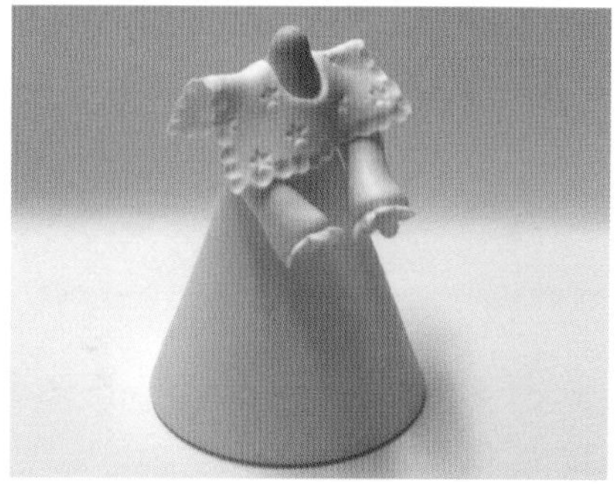

7 >

CONSEIL

Peignez la tranche du livre en or après séchage.

8 >

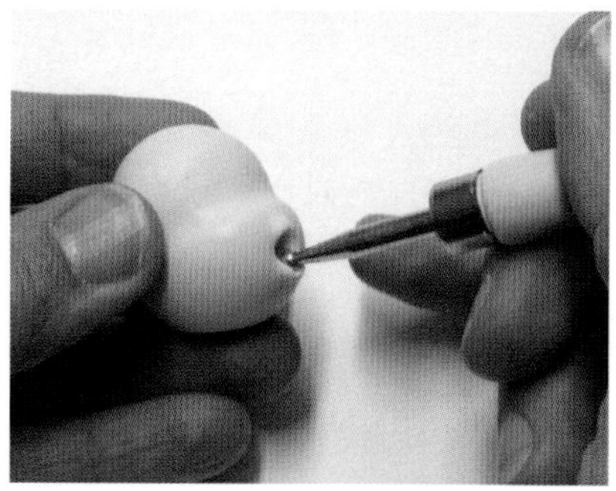

9 >

10 >

11 >

12 >

13 >

14 >

15 >

10. Collez la tête inclinée sur le cou (photo 10).

11. Placez le missel sur les mains, soutenez avec de la fibre et un support (photo 11).

12. Modelez une boule rouille de 2,5 cm, creusez-la en bol, collez sur la tête et dessinez les boucles en creusant avec la paille (photos 12 et 13).

13. Coupez des petites étoiles à l'emporte-pièce, peignez-les en doré (photo 14).

14. Peignez le visage et le texte du livre (photo 15), vernissez en mat et collez les étoiles et les ailes.

VARIANTE

Peignez les étoiles avec de la peinture argent ou saupoudrez-les de paillettes irisées.

Quand vous allumerez cette veilleuse, ses couleurs changeantes donneront un air féerique à votre création, tout à fait dans l'esprit de Noël !

SUR LA BANQUISE

Comment faire ?

1. Modelez une poire, formez les nageoires (photo 1).
2. Modelez une boule de 2,5 cm et ajoutez deux boulettes de 8 mm.
3. Collez trois perles pour le nez et les yeux, puis creusez la bouche (photo 2).
4. Modelez et collez les nageoires. Piquez les moustaches (photo 3).
5. Vernissez en mat. Recouvrez de neige le socle encollé, secouez l'excédent. Collez le phoque et le photophore sur la neige.

MATÉRIEL

*> **Outils de base***
*> **Photophore rond***
*> **Support rectangle au choix (carton mousse, bois...)***
*> **Peinture acrylique blanche***
*> **Neige artificielle***
*> **Trois perles noires***
*> **Brins pour moustaches***
*> **Sable végétal (bougie)***
*> **Mèche***
*> **Porcelaine à modeler blanche***

CONSEIL

Secouez la neige en trop quand la colle a bien séché.

1 >
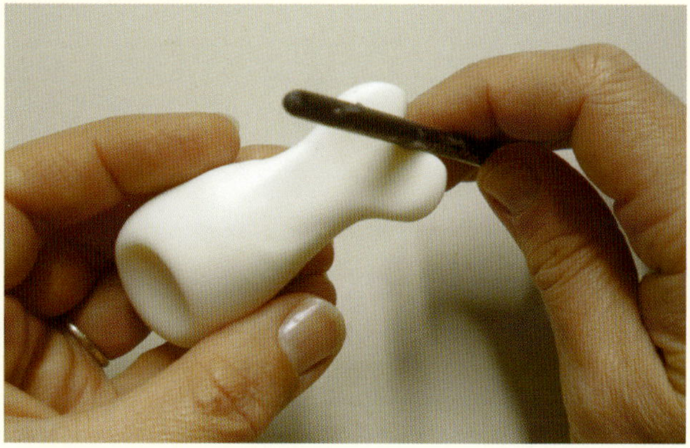

2 >
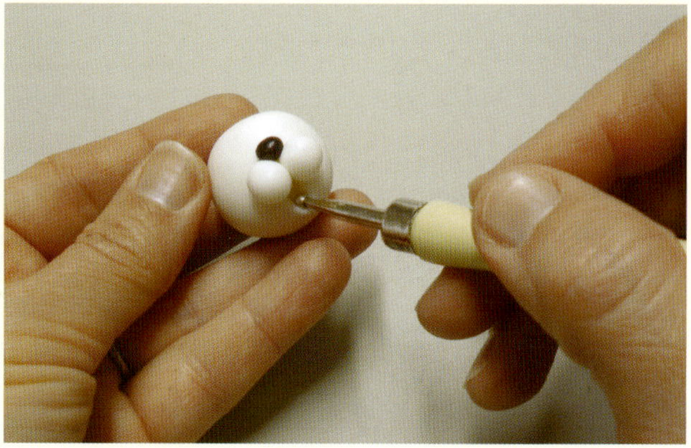

3 >

SUR LA BANQUISE

Le sable végétal imite parfaitement la neige et s'harmonise bien avec le décor, mais vous pouvez aussi utiliser de simples bougies chauffe-plats, en bombant le photophore de faux givre ou de vernis mat pour l'opacifier.

LE MIROIR DE LA FÉE DES GLACES

Comment faire ?

1. Peignez le miroir en diagonale, un côté bleu, l'autre blanc, utilisez une bande de masquage pour plus de précision (photo 1).
2. Étalez finement la pâte blanche et bleu foncé, coupez-y des flocons (photo 2).
3. Étalez encore plus finement la pâte blanche et coupez-y des flocons à la perforatrice (photo 3).
4. Modelez deux boudins chair de 7,5 cm, affinez les pointes, appliquez-les l'un contre l'autre (photo 4).

1 >

2 >

3 >

4 >

MATÉRIEL

- ***Outils de base***
- ***Gabarits pages 113/114***
- ***Miroir carré de 25 cm***
- ***Emporte-pièce étoile 2 cm***
- ***Emporte-pièces feuille 4 cm et 1,5 cm + flocon 10 cm***
- ***Peinture irisée blanche et bleue***
- ***Perles de pluie***
- ***Paillettes irisées et bleues***
- ***Perforatrice flocon***
- ***Sequins bleus***
- ***Microperles bleu foncé***
- ***Plastique transparent***
- ***Porcelaine à modeler chair, blanche, bleu clair, bleu foncé***

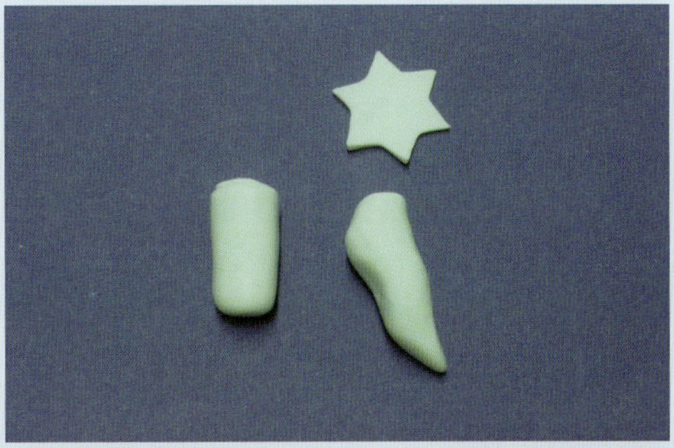
5>

6>

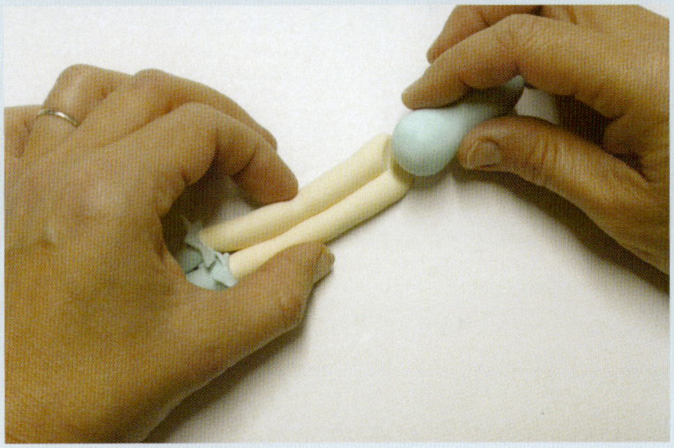
7>

8>

5. Modelez deux boudins bleu clair de 2,5 x 1,5 cm, donnez-leur une forme pointue et marquez la voûte plantaire ; découpez une petite étoile, collez-la et creusez le haut de la chaussure avec la mirette large (photo 5).

6. Collez les chaussures au bout des jambes (photo 6).

7. Modelez un boudin bleu pour le corps, marquez la taille, collez aux jambes (photo 7).

8. Coupez quatre feuilles bleu clair à l'emporte-pièce, recoupez le bord supérieur, affinez entre les doigts et froncez (photo 8).

ASTUCE

À défaut d'emporte-pièce flocon, vous pouvez utiliser une grande étoile, et coller une étoile plus petite sur chaque branche, ou découper un patron en carton que vous poserez sur la pâte avant de couper autour au cutter (le patron est disponible sur le gabarit page 114).

9. Collez les feuilles sur la taille en les faisant se chevaucher, marquez les plis (photo 9).

10. Modelez un entonnoir chair à partir d'une boulette de 1,8 cm pour former le cou, collez au corps (photo 10).

11. Modelez la tête **(voir page 79)**. Enfoncez un cure-dent et collez sur le cou, soutenir avec de la fibre (photo 11).

12. Laissez sécher un peu, puis peignez le visage.

13. Modelez deux boudins chair de 6 cm, formez les mains et mettez en forme selon le gabarit (photo 13).

JE VOUS RECOMMANDE

Laissez un peu sécher les bras sur de la fibre avant de les coller, ils ne se déformeront pas.

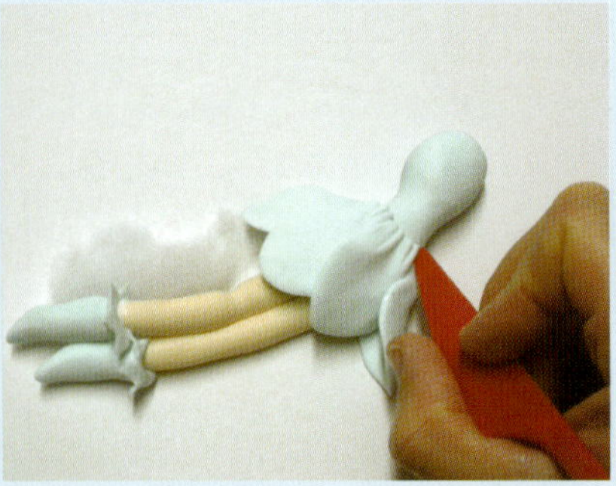

9 >

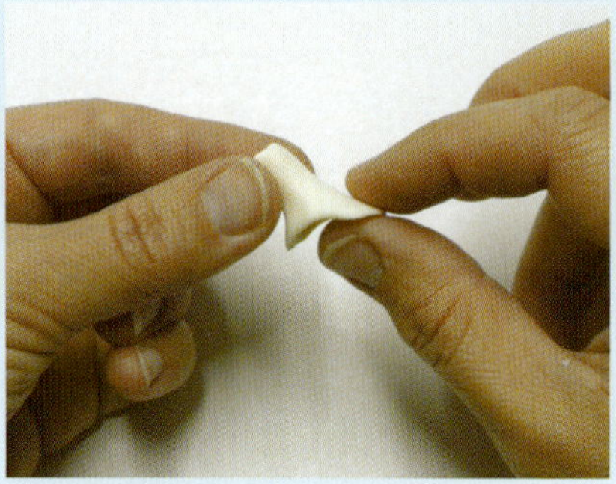

10 >

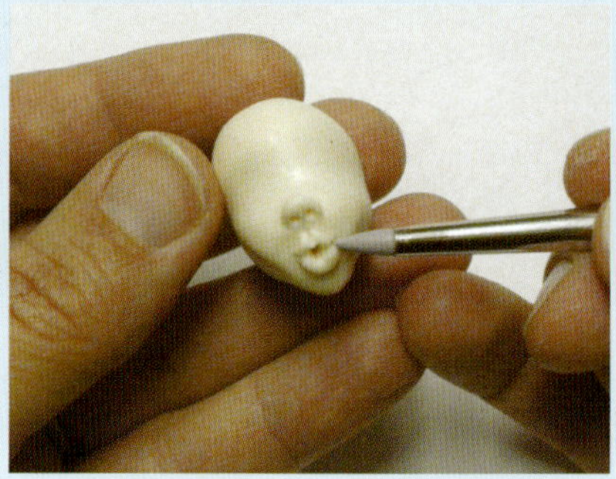

11 >

12 >

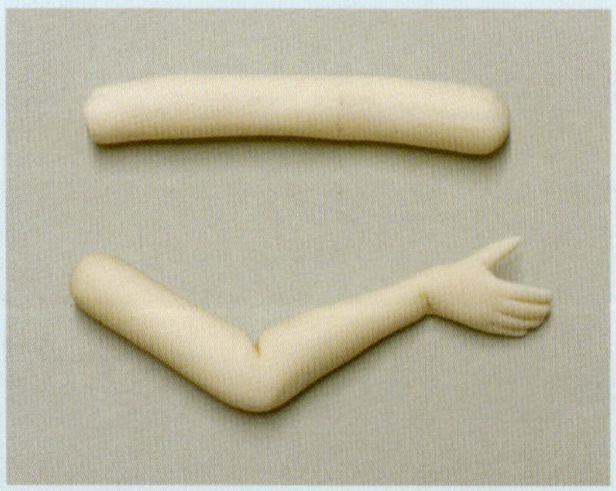

13 >

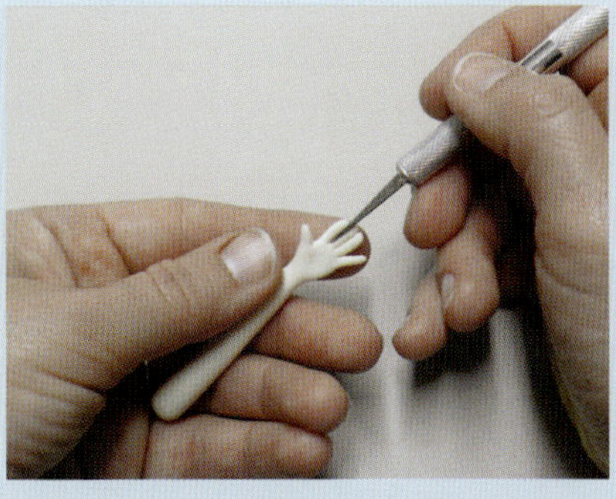

14 >

15 >

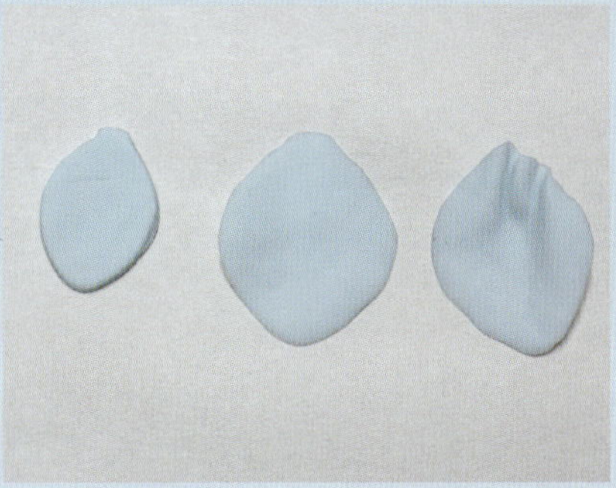

16 >

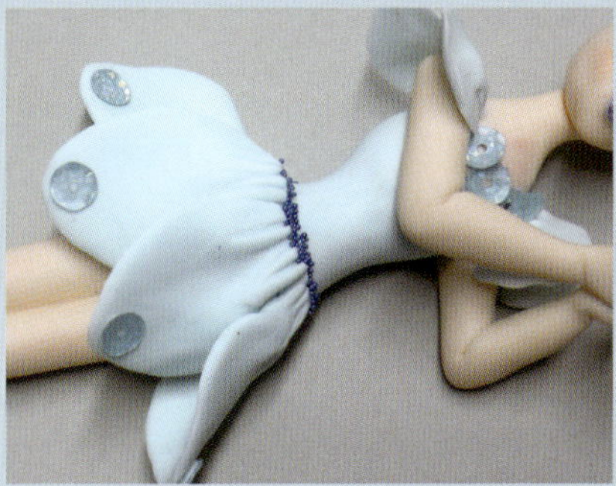

17 >

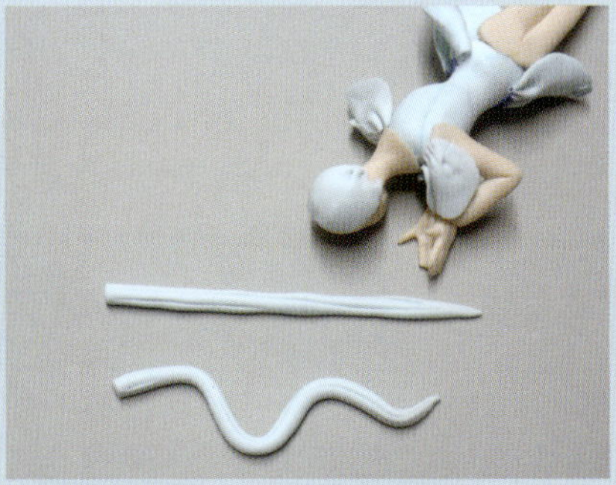

18 >

CONSEIL

Commencez par coller les cheveux à l'arrière de la tête, variez la taille des mèches, donnez-leur un mouvement « dans le vent ».

14. Détaillez les doigts au cutter (photo 14).

15. Collez aux épaules, soutenez avec de la fibre (photo 15).

16. Coupez des petites feuilles bleu clair, affinez-les, froncez-les et collez aux épaules (photo 16).

17. Collez des sequins sur l'encolure et sur la jupe et des microperles sur la taille (photo 17).

18. Modelez une pastille bleue, collez-la sur la tête ; modelez de longs boudins fins bleus, striez-les dans la longueur, faites-les onduler et collez harmonieusement sur la tête (photo 18).

19 >

20 >

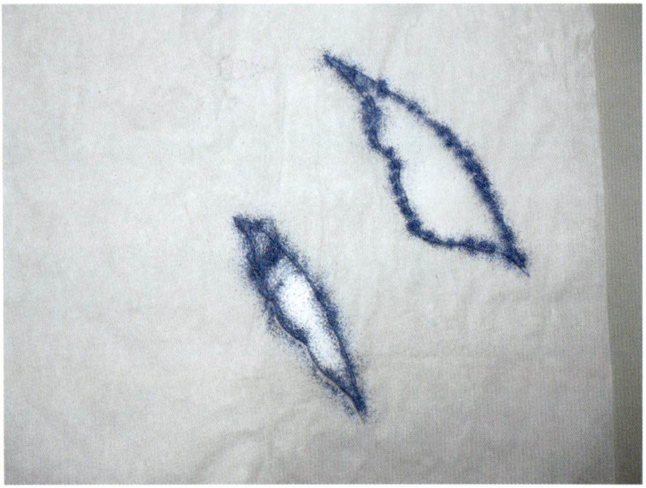

21 >

19. Collez une étoile bleu foncé et un flocon blanc sur les cheveux (photo 19).

20. Vernissez tous les éléments une fois secs, saupoudrez des paillettes irisées sur les flocons superposés en décalé (photo 20).

21. Découpez les ailes dans le plastique transparent, encollez les bords et saupoudrez de paillettes bleues ; secouez l'excédent (photo 21).

22. Repassez un peu de vernis brillant sur les sequins, collez les ailes, la fée, les flocons, les perles de pluie comme illustré. Mettez quelques perles dans les mains de la fée.

Cette fée est inspirée de la légende japonaise de Yuki-Onna. On raconte qu'elle souffle sur ses larmes quand arrive l'hiver, et les gouttes ainsi dispersées dans l'atmosphère glacée se transforment en flocons, offrant à la terre son manteau neigeux...

ON L'APPELAIT NEZ ROUGE

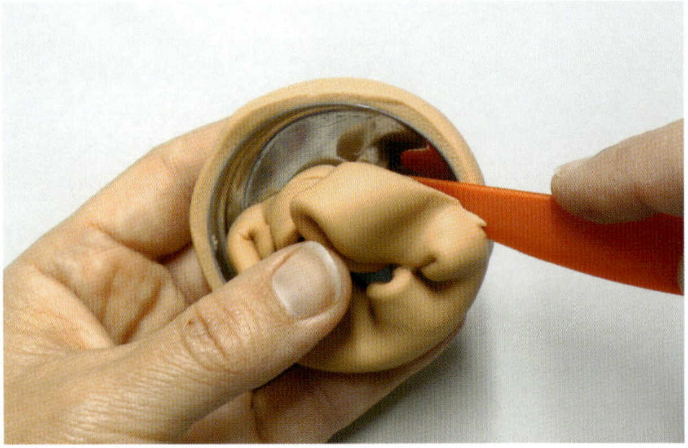
1 >

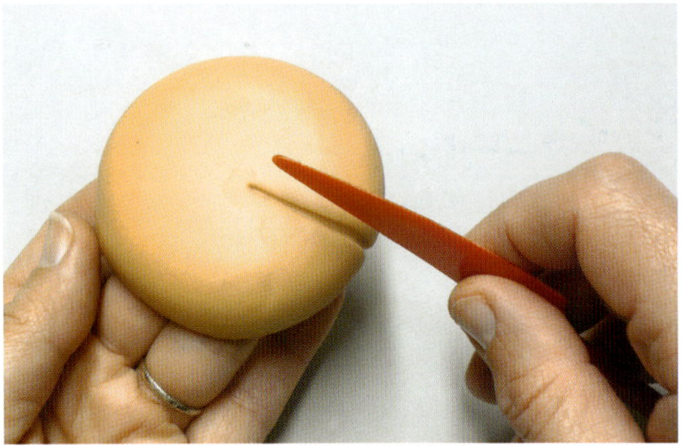
2 >

3 >

Comment faire ?

1. Étalez la pâte marron clair sur 2 mm, recouvrez le couvercle enduit de colle, rabattez doucement les bords et coupez à ras. Vissez sur le pot pour prendre vos repères (photo 1).

2. Marquez un trait jusqu'au milieu avec le dos d'un couteau (photo 2).

3. Modelez un petit ovale rouge (2 x 1,5 cm) pour le nez, collez au centre du couvercle, collez les yeux mobiles en les enfonçant (photo 3).

MATÉRIEL

- ***Outils de base***
- ***Gabarit page 112***
- ***Yeux mobiles***
- ***Bocal à bonbons miniature***
- ***Porcelaine à modeler marron clair, rouge, marron foncé***

À SAVOIR

Vissez le couvercle avant de marquer le museau, sinon vous risquez de vous retrouver avec un élan tête en bas ! Attention cependant à ne pas laisser de traces dans la pâte fraîche quand vous manipulez le couvercle.

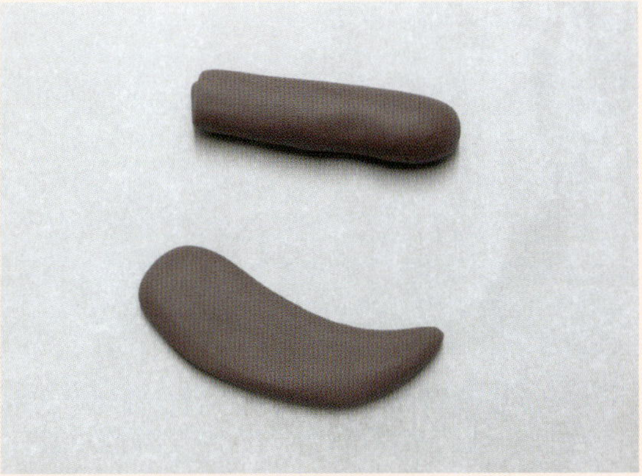

4 >

5 >

4. Modelez deux boudins marron foncé de 3 cm, aplatissez en une goutte recourbée (photo 4).

5. Marquez deux creux avec le manche d'un pinceau pour imiter les bois (photo 5).

6. Collez sur le couvercle, soutenez avec de la fibre.

7. Coupez une étoile marron clair **(voir la technique des champignons page 57)**, striez et collez entre les bois (photo 6).

6 >

VARIANTE

Vous pouvez transformer cet élan en renne en enfonçant des « bois » en cure-pipe de part et d'autre du toupet.

CONSEILS

Vous pouvez vernir au vernis « velours » pour obtenir un touché peau de pêche (voir le carnet d'adresses page 118), mais il faut savoir que celui-ci n'aime pas le contact de l'eau.

7>

8>

9>

8. Modelez deux boules de 2 cm, donnez une forme de goutte, fendez au couteau d'un côté, puis collez sur le bocal (photos 7 et 8).

9. Modelez la queue **(voir page 38)** et collez à l'arrière du pot (photo 9).

10. Vernissez au pinceau en mat en évitant les yeux.

CONSEIL

Si vous vernissez en mat, prenez soin de ne pas laisser le couvercle sur le bocal pour que celui-ci reste transparent, et vernissez les pattes et la queue au pinceau.

ON L'APPELAIT NEZ ROUGE

Avec son nez rouge, il ressemble à Rodolphe, le renne préféré du Père Noël !

LE MODELAGE D'UN VISAGE

Comment faire ?

1. Modelez une forme ovale, puis marquez l'arcade sourcilière avec le manche d'un pinceau (photo 1).

2. Adoucissez avec le pouce, de chaque côté de la marque (photo 2).

3. Marquez les joues d'un geste tournant avec une aiguille large (photo 3).

4. Adoucissez avec le pouce (photo 4).

5. Formez le nez en roulant le pinceau gomme sur la pâte pour amener une masse au centre du visage (photo 5).

À SAVOIR

Pour se repérer, on peut diviser le visage en trois dans sa hauteur ; la marque qui délimite l'emplacement des yeux se situe au premier tiers en partant du bas.

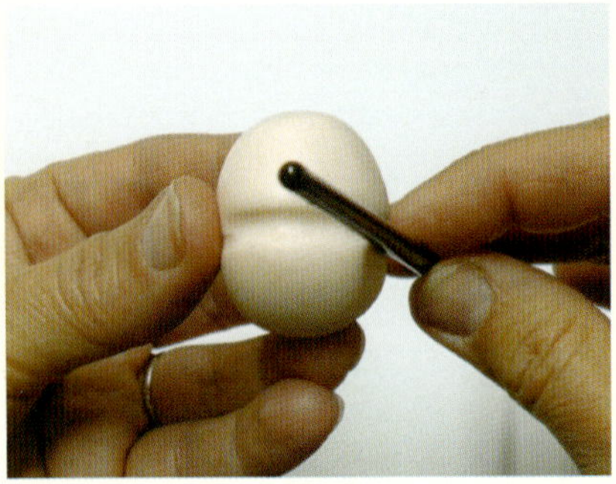

1>

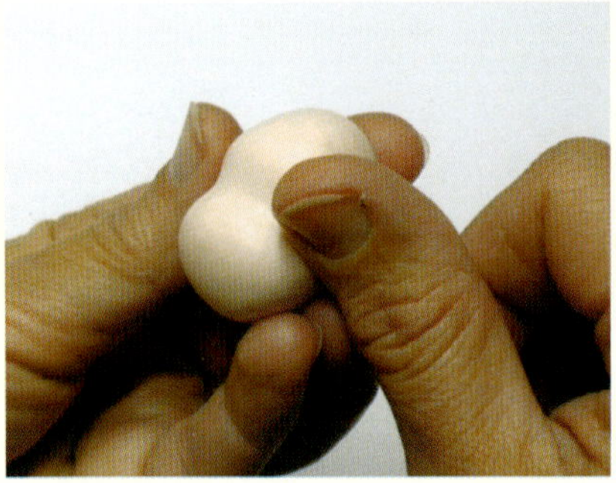

2>

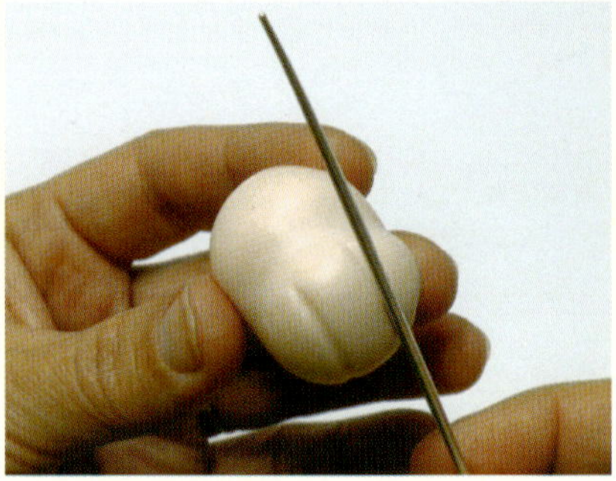

3>

CONSEIL

Adoucissez franchement la marque, pour éviter le profil de Cro-Magnon !

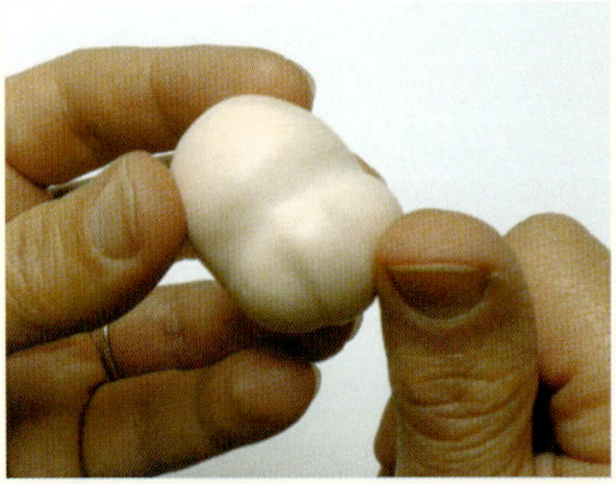

4>

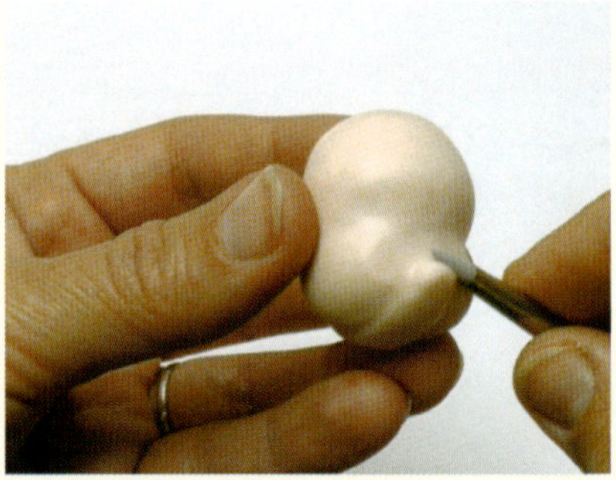

5>

6. Affinez les détails des ailes du nez par petits gestes (photo 6).

7. Creusez les narines avec la pointe d'une aiguille et en écartant légèrement la pâte sur les côtés (photo 7).

8. Tracez le centre de la bouche avec la pointe du pinceau gomme (photo 8).

9. Formez la lèvre inférieure en poussant la pâte vers le milieu de la bouche (photo 9).

10. Formez la lèvre supérieure de la même façon (photo 10).

CONSEIL

Maintenez la tête légèrement avec l'autre main pendant que vous modelez pour ne pas la déformer.

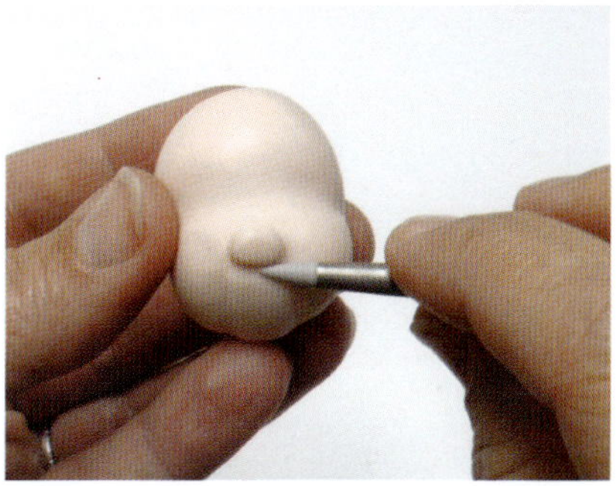

6 >

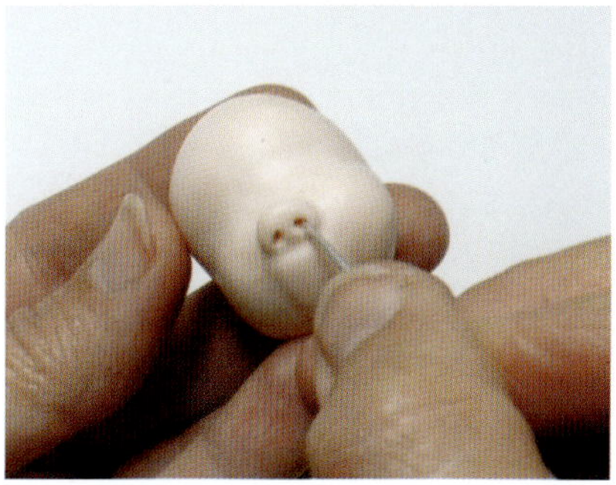

7 >

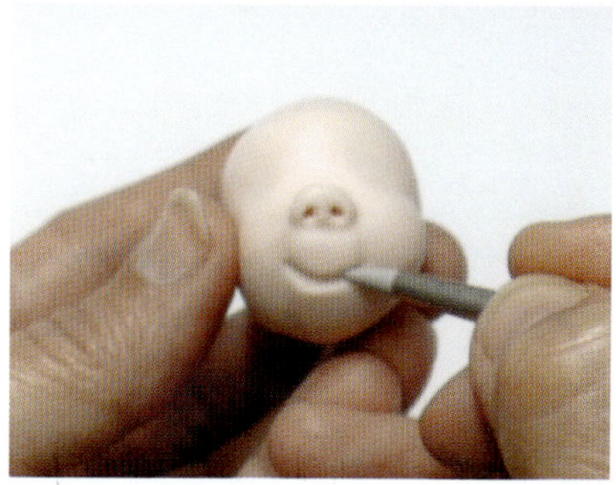

8 >

CONSEIL

Ajoutez des oreilles et placez-les écartées ou inclinées vers l'arrière en fonction du caractère que vous souhaitez donner à votre personnage (un clown gagnera à avoir les oreilles décollées par exemple, une fée aura les oreilles pointues).

9 >

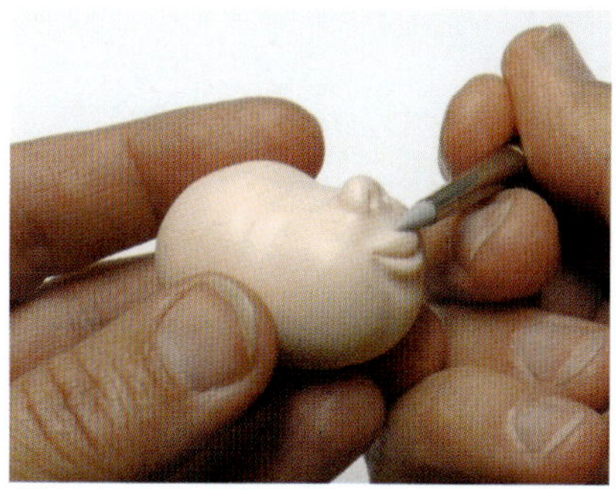

10 >

11. Creusez légèrement les commissures (photo 11).

12. Arrondissez la lèvre supérieure de chaque côté (photo 12).

13. Tracez le sillon du nez au centre de la lèvre (photo 13).

14. Repoussez la pâte sous la tête pour former le menton, comme vous avez procédé pour le nez (photo 14).

15. Creusez l'emplacement du cou avec une mirette vers l'arrière de la tête - pas sous le menton ! - (photo 15).

CONSEIL

Entraînez-vous avec de la pâte à modeler souple pour enfants, vous pourrez ainsi recommencer plusieurs fois sans gaspiller votre porcelaine à modeler.

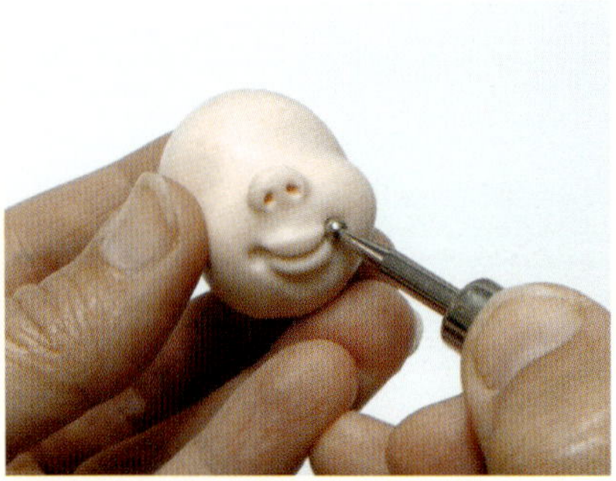

11 >

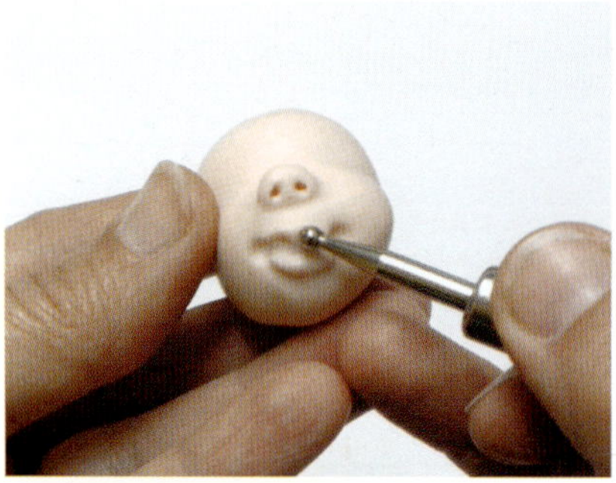

12 >

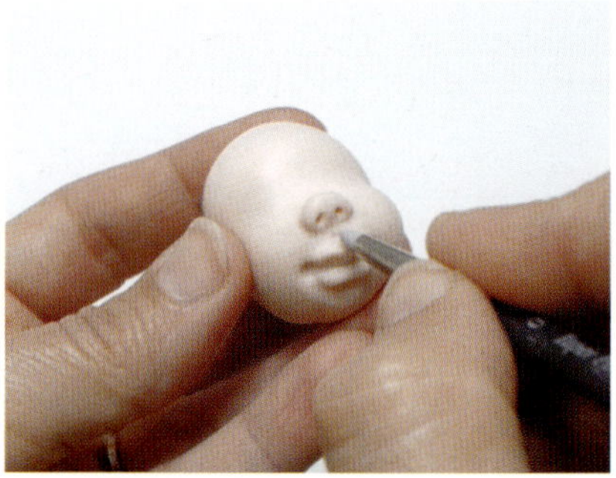

13 >

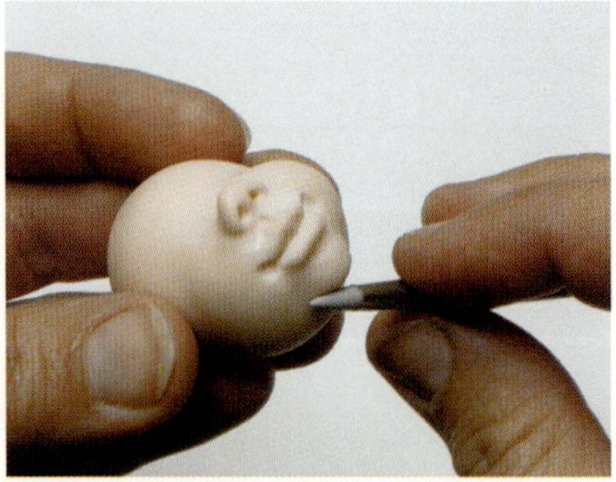

14 >

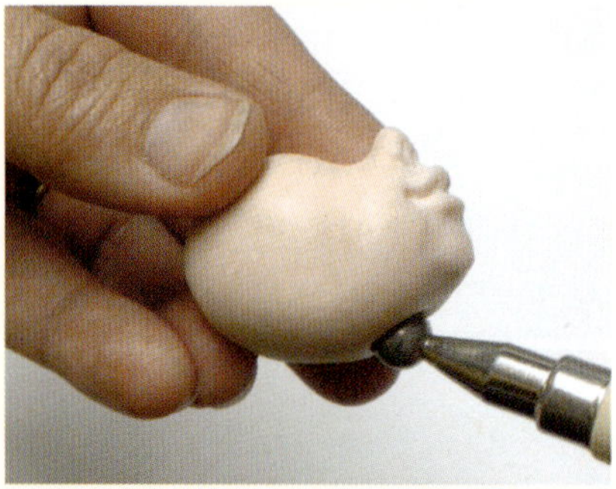

15 >

CONSEIL

Si des petites craquelures apparaissent dans la pâte, comblez-les avec un peu de barbotine (voir le lexique page 115).

LA PEINTURE DES YEUX

Comment faire ?

1. Peignez le blanc des yeux à l'acrylique ; petits, grands, en amande ou tombants, c'est à cette étape que vous déterminez les caractéristiques du regard (photo 1).

2. Peignez l'iris dans la couleur de votre choix. Attendez que le blanc soit bien sec pour ne pas mélanger les teintes (photo 2).

3. Éclaircissez la couleur au centre en essuyant le pinceau (photo 3).

À SAVOIR

L'utilisation de l'aquarelle permet des effets de transparence intéressants.

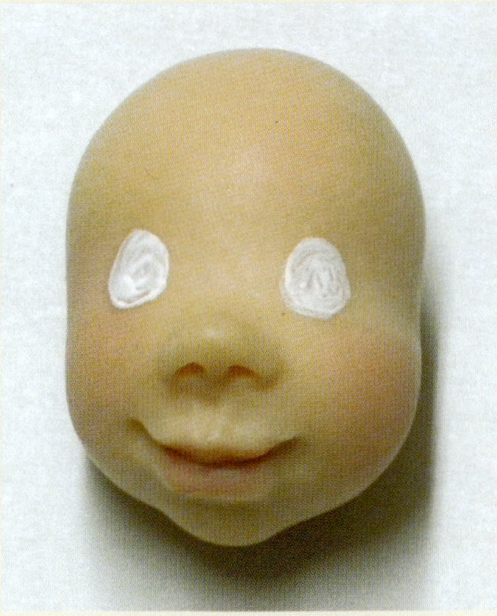

1>

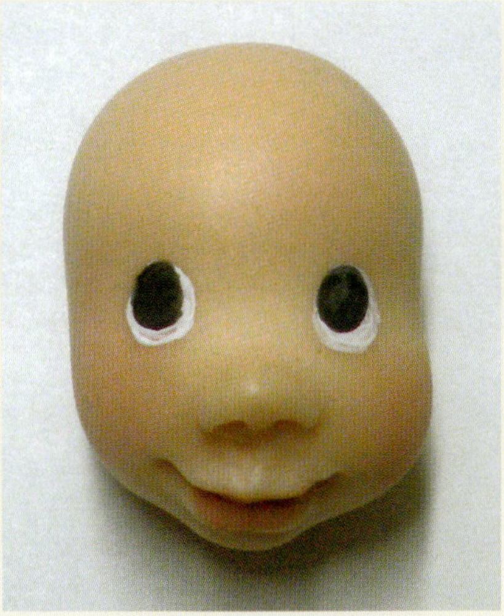

2>

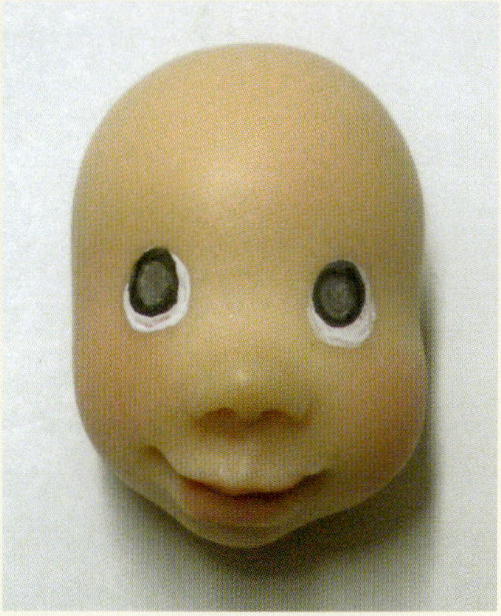

3>

4>

5>

À SAVOIR

La forme des sourcils détermine l'expression du visage, observez votre propre visage dans un miroir ou inspirez-vous de photos.

CONSEIL

Si vous maquillez les yeux, faites-le avant de peindre les cils.
Vous pouvez peindre le contour de l'œil avec une teinte chair plus soutenue.

ASTUCE

L'aquarelle présente l'avantage de pouvoir être effacée avec un coton-tige humide si vous n'êtes pas satisfait de votre travail (le blanc est toujours peint à l'acrylique, sinon les couleurs ajoutées par-dessus prendraient des teintes pastel).

JE VOUS RECOMMANDE

Entraînez-vous à peindre les yeux à l'arrière de la tête pour vous habituer au volume, on ne verra pas vos essais une fois les cheveux posés.

4. Peignez la pupille noire et les cils (photo 4). Utilisez des feutres fins pour dessiner les cils si vous ne vous sentez pas habile avec un pinceau. Certains sont indélébiles.

5. Peignez deux petits points blancs dans la couleur, c'est la touche finale qui donne de la vie au regard (photo 5).

COMMENT BIEN UTILISER UN MOULE EN SILICONE ?

Comment faire ?

1. Placez juste la quantité de pâte nécessaire au fond du moule, rabattez l'excédent vers le centre, il ne doit rien dépasser des bords du moule (photo 1).
2. Tordez le moule pour faire sortir la forme, attrapez-la délicatement.
3. Vous pouvez si nécessaire corriger les petites imperfections sur les bords.

CONSEIL

Arasez l'excédent de pâte avec une lame en plastique pour ne pas abîmer le moule.

1>

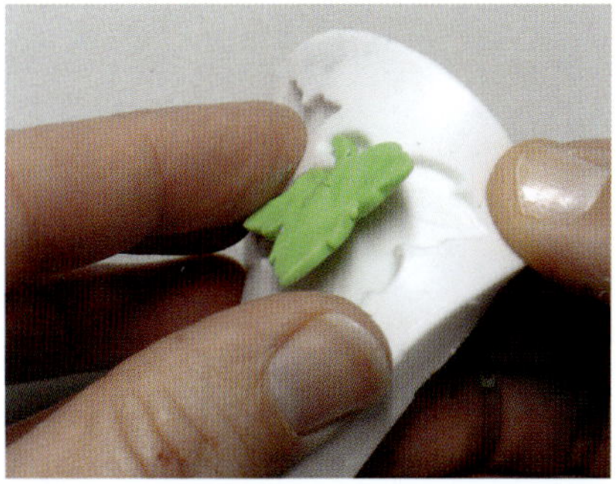

2>

3>

À SAVOIR

Il n'est pas nécessaire de graisser ou de talquer ce type de moule, ce qui n'est pas le cas pour les moules souples (push molds), pratiques également, mais dans lesquels la pâte colle !

Les photos suivantes vous montrent ce qu'il ne faut pas faire :

Mettre trop de pâte (photo 4).

Une fois la forme démoulée, l'excédent ressort autour (photo 5).

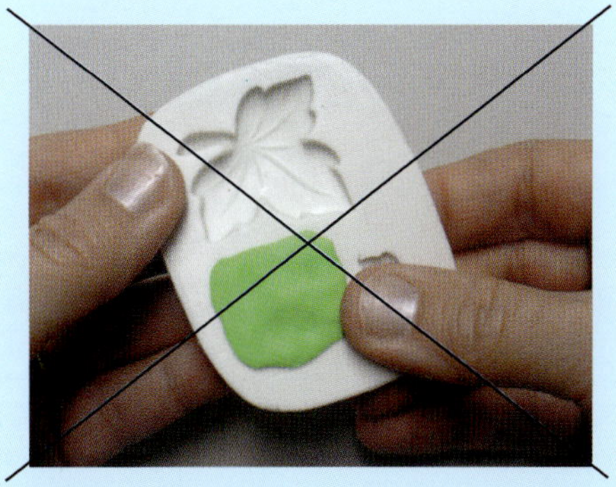

4>

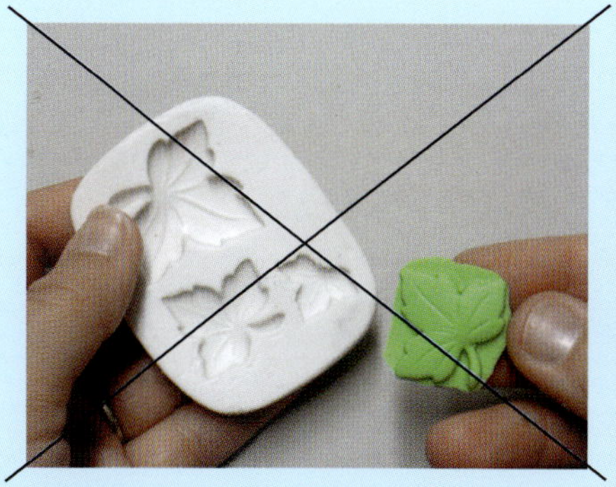

5>

LE CARNET PRATIQUE

LA FABRICATION DE LA PORCELAINE À MODELER

LES RECETTES DE BASE

Avec une balance :

- 200 g de colle vinylique extra-forte
- 100 g de fécule de maïs
- 1 cuillère à soupe d'huile de cuisine (claire, comme le colza par exemple)
- 1 cuillère à soupe de vinaigre d'alcool blanc (ou de jus de citron)
- Un peu de crème pour les mains (non grasse)

Sans balance :

- 1 verre arasé de colle
- 1 verre arasé de fécule de maïs
- 1 cuillère à soupe d'huile
- 1 cuillère à soupe de vinaigre
- Un peu de crème pour les mains (non grasse)

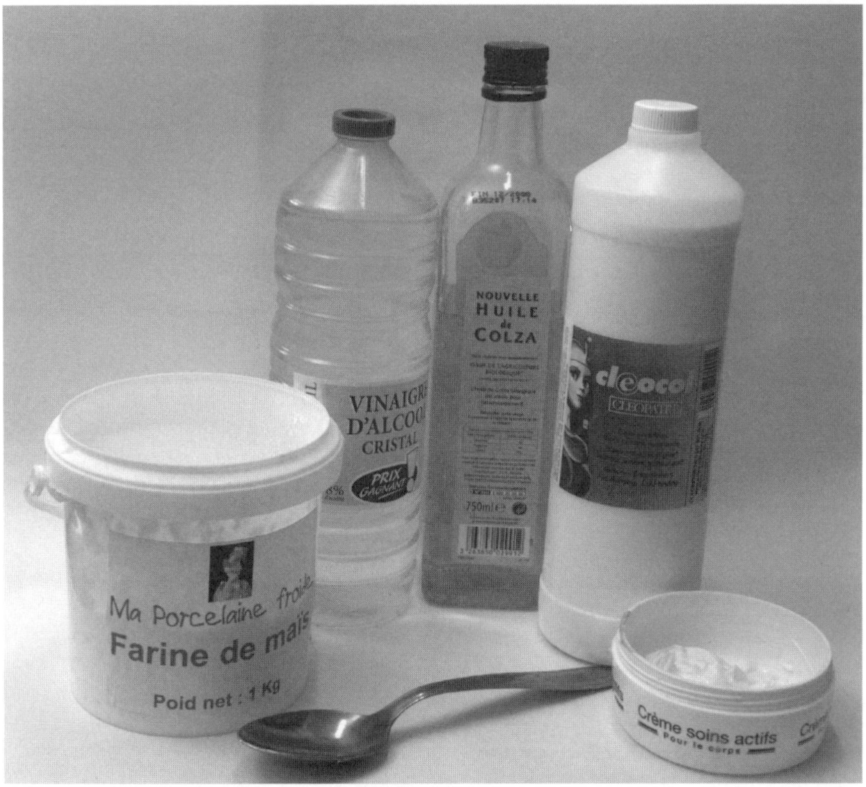

MATÉRIEL

> Plan de travail plastifié
> Un four à micro-ondes (recette pour un four restituant 850 watts)
> Un récipient adapté au micro-ondes
> Une spatule en plastique solide
> Film étirable

JE VOUS RECOMMANDE

J'utilise la colle Cléocol de la marque Cléopâtre : c'est celle qui m'a permis d'obtenir les meilleurs résultats. Si vous utilisez une autre colle, il faut impérativement qu'elle soit extra-forte et d'excellente qualité. Rien n'est plus décevant que de voir un modelage se fissurer !

LA FABRICATION DE LA PORCELAINE À MODELER

1. Mélangez tous les ingrédients sauf la crème. Réglez la minuterie du four sur 1 minute 30. Cuisez une première fois pendant 20 secondes, puis mélangez.

2. Remettez à cuire 2 x 20 secondes en mélangeant à chaque fois la pâte. Dans les 30 dernières secondes, mélangez toutes les 10 secondes.

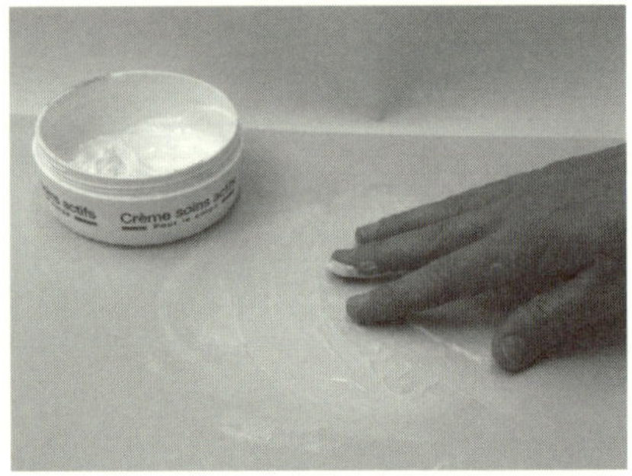

3. Enduisez le plan de travail avec de la crème pour les mains et versez la pâte dessus.

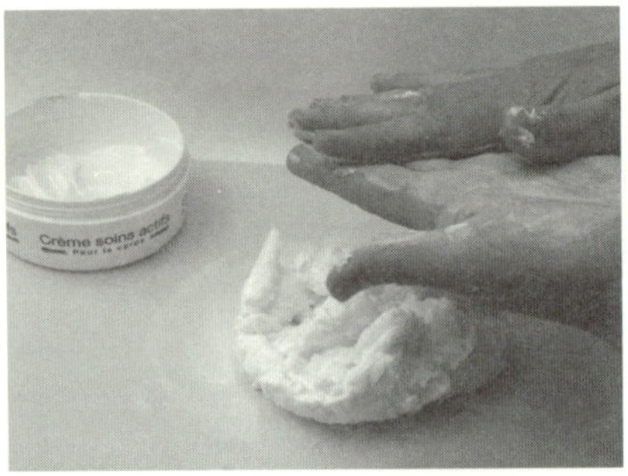

4. Enduisez vos mains de crème, cela évite que la pâte colle aux mains.

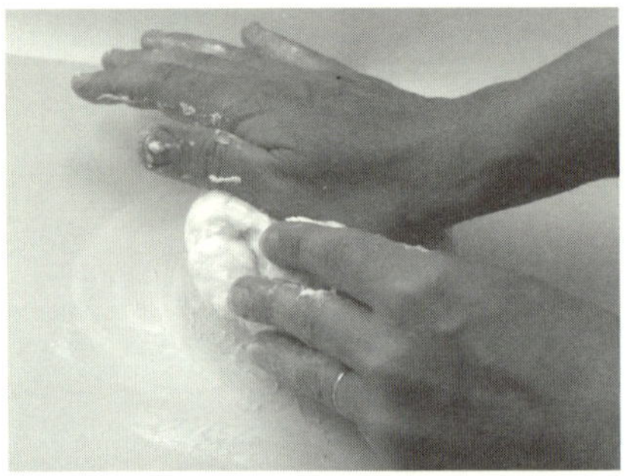

5. Pétrissez pendant quelques minutes, jusqu'à l'obtention d'une boule lisse et ferme. Elle ne doit pas s'affaisser.

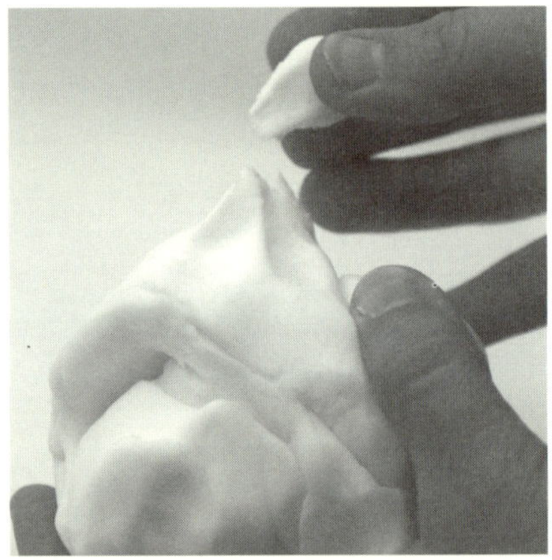

6. Faites un test de cuisson : en tirant sur la pâte, elle doit faire une pointe qui se déchire (pas d'effet chewing-gum).

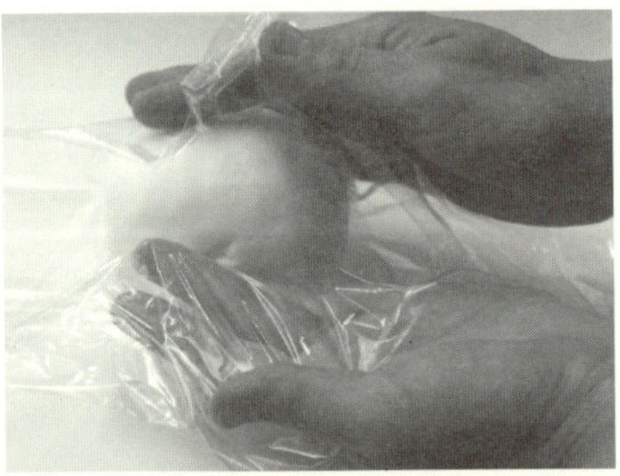

7. Emballez la pâte dans un morceau de film étirable et laissez refroidir. Changez le film pour éviter la condensation.

LA FABRICATION DE LA PORCELAINE À MODELER

Si l'on n'est pas certain de la qualité de la colle utilisée, on prélève une boulette test avant de travailler la pâte. Il suffira de la laisser sécher quelques heures : si au final la boulette ne s'est pas fissurée, on pourra utiliser la pâte sans problème.

Il est très important de ne pas dépasser le temps de cuisson indiqué si on choisit la cuisson au four. Les temps sont indiqués pour un four restituant 850 watts. Adapter à la puissance de son propre matériel en augmentant ou réduisant la cuisson de quelques secondes.

ATTENTION

Quelques secondes supplémentaires peuvent être fatales à la réussite de la cuisson.

Si vous utilisez un verre pour mesurer vos ingrédients, le temps de cuisson peut varier en fonction de sa contenance !

Sur le blog de l'auteur **(voir le carnet d'adresses page 118)** figurent des vidéos qui montrent l'aspect que doit avoir la pâte aux différentes étapes de sa fabrication.

Si vous ne voulez pas vous lancer dans la fabrication de la pâte, vous pouvez l'acheter toute prête sous la marque WePAM® (de Cléopâtre), neutre ou colorée **(voir l'adresse du site spécialisé dans le carnet d'adresses page 118)**.

CONSEIL

Ne négligez pas la phase de refroidissement de la pâte : changez le film étirable qui sera mouillé par la condensation. Si vous n'utilisez pas rapidement votre porcelaine à modeler, elle risque de devenir gluante, voire de développer des moisissures au bout de quelques jours. Ce problème ne se présente pas si le film est remplacé après le refroidissement de la pâte.

À SAVOIR

La pâte peut être brûlante au sortir du four, il convient d'être prudent en la pétrissant.
La pâte peut s'utiliser une fois qu'elle est complètement refroidie.

LA FABRICATION DE LA PORCELAINE À MODELER

Voici d'autres techniques de cuisson

Cuisson à la casserole antiadhésive (réservée à cet usage)

Mélangez tous les ingrédients, sauf la crème pour les mains, et faites cuire comme une pâte à choux, jusqu'à ce que la pâte se détache des bords, en remuant sans arrêt avec une cuillère en bois. Terminez comme pour la recette au micro-ondes.

Cuisson à la «fabricapate»

C'est un petit appareil commercialisé par la société Place des loisirs **(coordonnées dans le carnet d'adresses page 118)** et qui reproduit le bain-marie. Avec cette technique, la pâte n'est jamais trop cuite, il suffit de mettre un minuteur réglé sur 50 minutes et de mélanger de temps en temps. Terminer comme pour la recette de base. La contenance permet de faire environ 250 g de pâte **(la recette précise et les vidéos sont sur le blog de l'auteur, voir le carnet d'adresses page 118)**.

À SAVOIR

Le séchage se fait naturellement à l'air libre, en 1 à 15 jours en fonction de l'épaisseur du modèle.

Il se produit une rétractation normale dont il faut tenir compte, notamment si on introduit des armatures dans la pâte : celles-ci doivent pouvoir se rétracter également (d'où l'utilisation de polystyrène la plupart du temps). Si on enfonce des tiges métalliques ou des bâtonnets de bois, ils risquent de ressortir !

COLORATION ET CONSERVATION

La porcelaine à modeler peut se peindre à la peinture acrylique ou se teinter dans la masse.

Préférer la deuxième méthode si l'on souhaite conserver l'aspect translucide « porcelaine » qui donne son nom à la pâte.

Plusieurs méthodes de coloration sont possibles :

- **La coloration à la peinture à l'huile** (en quantité plus ou moins importante en fonction du poids de pâte à teinter : d'expérience, la technique la plus satisfaisante. On en trouve de bon marché qui fonctionnent très bien.

- **La coloration à la gouache ou à l'acrylique :** pratique également, bien que plus salissante, et les boules de pâte colorées ont tendance à se dessécher plus vite.

- **La coloration aux pigments liquides :** n'en mettre que très peu car leur pouvoir colorant est très élevé (par exemple, 10 gouttes pour 300 g de pâte) ; leur avantage est qu'ils peuvent être mélangés directement à la colle avant la cuisson, pratique quand on doit faire une grande quantité de pâte de la même couleur.

Dans tous les cas, il convient de se laver soigneusement les mains après avoir teinté la porcelaine.

Les couleurs sont miscibles entre elles, on peut obtenir des effets marbrés en mélangeant sommairement deux pâtons de couleur différente. Les marbrures apparaîtront quand la pâte sera mise en forme ou étalée.

Conservation

Bien emballés dans du film étirable et rangés dans un récipient hermétique, les gros morceaux peuvent se conserver jusqu'à 6 mois (sous réserve qu'il n'y ait aucune trace de condensation sur votre film, auquel cas de la moisissure pourrait apparaître) ; pour les restes de pâte (boulettes de 1 à 2 cm de diamètre), il vaut mieux les utiliser dans le mois suivant, car même emballés, ils risquent de durcir rapidement.

Une pâte trop molle peut être mélangée à une pâte plus ferme, à l'inverse une pâte durcie peut être assouplie.

Il est inutile de placer le récipient au réfrigérateur (le froid durcit la pâte); en revanche, il ne faut pas la stocker non plus au soleil ou près d'un radiateur.

À SAVOIR

La pâte en séchant fonce de trois tons, tenez-en compte lors de la coloration !

CONSEIL

Pour obtenir des couleurs franches, comme le noir, le rouge, le brun foncé, mélanger une quantité plus importante de ces couleurs.

JE VOUS RECOMMANDE

Mélangez une pointe de blanc avec vos couleurs, sauf si vous voulez obtenir des tons très soutenus.

ASTUCE

La couleur chair s'obtient par un mélange de blanc, ocre jaune et une pointe de rose, ou en mélangeant cette teinte avec un peu de blanc.

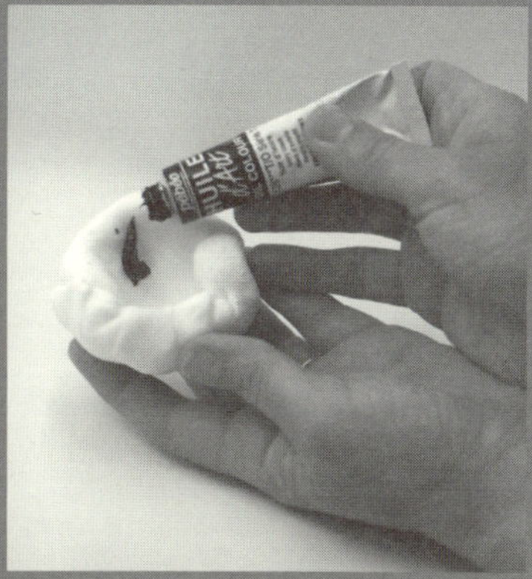

LES OUTILS DE MODELAGE

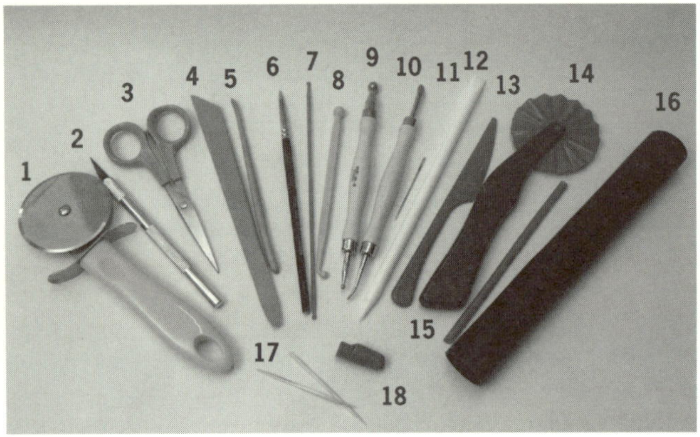

1>

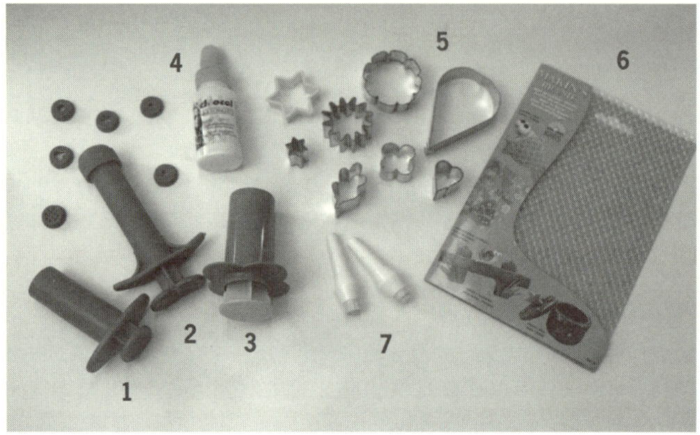

2>

Photo 1
1. Roulette à pizza
2. Cutter de précision
3. Ciseaux
4-5. Ébauchoirs
6. Pinceau gomme
7-8-9. Mirettes à bouts ronds
10. Outil de lissage et de texture
11. Aiguille à broder
12. Traceur en silicone
13. Couteau
14. Roulette crantée
15. Paille (pour la dentelle ou les cheveux crépus)
16. Rouleau en PVC
17. Cure-dents
18. Bouchon de feutre entaillé (pour faire les sourires)

Photo 2
1-2-3. Seringues extrudeuses
4. Biberon de colle
5. Emporte-pièce
6. Plaque de texture
7. Empreintes

Voici d'abord la liste des outils de base cités dans le matériel de chaque modèle :

- Un rouleau à étaler (en acrylique ou en PVC)
- Un ébauchoir ou un couteau à lame droite
- Un jeu de mirettes (outils à boules rondes de différentes tailles)
- Des cure-dents
- Des ciseaux
- Une roulette à pizza
- Une surface plastifiée
- De la fibre de rembourrage
- De la colle pour assembler vos modelages

Tout le matériel servant à l'argile convient généralement.

Les outils en plastique sont parfaits car ils n'adhèrent pas à la pâte. Les outils en bois ou en métal n'adhèrent pas s'ils sont propres, ou peuvent être enduits de crème.

Si l'on ne dispose pas d'empreintes spéciales pour la porcelaine à modeler, les mini-tampons pour le scrapbooking fonctionnent également. On peut aussi coller des perles fantaisie sur des bâtonnets, ou encore utiliser un bouchon de feutre en forme d'étoile.

Observez les semelles des chaussures, elles ont souvent des dessins intéressants qui peuvent être imprimés dans la pâte, et peuvent faire office de plaques de texture (à saupoudrer de fécule ou de talc avant de les utiliser).

Les moules en silicone sont très pratiques car ils permettent de reproduire une foule de motifs ou d'objets, y compris les visages, les mains et autres ornements **(voir le carnet d'adresses page 118)**.

PROBLÈMES ET SOLUTIONS

Fissures

La pâte se fissure si elle n'est pas assez élastique. Ce problème vient toujours de la médiocre qualité de la colle utilisée, et parfois d'un excès de cuisson. On peut mettre un peu plus d'huile dans la recette de base pour tenter d'y remédier. Si des fissures sont apparues, on peut encore les combler avec de la barbotine **(voir le lexique page 115)**.

Affaissement

Si on travaille en 3D, et que le sujet se tasse au fur et à mesure de l'avancement du modelage, c'est que la pâte est trop molle, donc pas assez cuite. Refaire cuire les deux-tiers de la pâte quelques secondes au micro-ondes (ou comme une galette à la casserole, quelques secondes de chaque côté) avant de la pétrir à nouveau. Si la pâte est trop dure, on peut la mélanger avec le tiers restant pour obtenir la bonne consistance.

Pâte collante

Si la pâte une fois versée sur le plan de travail semble impossible à pétrir, restant collée aux mains pourtant enduites de crème, c'est soit qu'elle n'est pas assez cuite, soit qu'elle a été préparée en grande quantité et qu'elle est encore crémeuse par endroits ; il faut la laisser reposer quelques minutes à l'air libre, d'un côté, puis de l'autre (une légère croûte va se former en surface rapidement), enduire les mains de crème et commencer à la pétrir en la décollant complètement du plan de travail entre chaque geste.

Les morceaux ne tiennent pas entre eux

Il faut coller les pièces qu'on ajoute au fur et à mesure, ils ne tiennent pas seuls. Très peu de colle suffit, en mettre trop conduirait les éléments à glisser. Pour coller la porcelaine à modeler sur du plastique, il faut poncer la surface pour créer une accroche.

À SAVOIR

Les ondes continuent de s'agiter pendant quelques secondes dans la pâte même après sa sortie du four. Il faut en tenir compte pour éviter qu'elle ne soit trop cuite.

ASTUCE

Utilisez du polystyrène, du liège, des formes en aluminium pour faire des armatures, ces matières se rétracteront en même temps que la pâte.

CONSEIL

Une fois la pâte cuite, il faut toujours faire une boulette test avant de commencer le modelage. Au bout de quelques heures, si celle-ci ne s'est pas fissurée, c'est que la colle utilisée avait la qualité requise.

Les couleurs sont trop foncées ou trop claires

Si elles sont trop foncées, c'est qu'il y a trop de peinture, quelle que soit la solution utilisée pour colorer la pâte, et qu'il n'y a pas eu la petite touche de blanc ajoutée pour enlever le côté translucide de la pâte. Si elles sont trop claires, c'est qu'au contraire il y a eu trop peu de couleur ajoutée.

Dans le premier cas, mélanger avec un peu de pâte naturelle et ajouter du blanc ; dans le second, ajouter de la peinture jusqu'à obtention de la teinte désirée.

La pâte blanche a jauni

Même si la porcelaine à modeler est blanche au départ, elle jaunit légèrement en séchant, c'est pourquoi il faut toujours ajouter du blanc si on veut obtenir cette couleur. Ne pas hésiter à en mettre beaucoup pour obtenir un ton éclatant.

Le vernis craquelle

Il arrive que le vernis brillant craquelle une fois sec, c'est généralement parce qu'il a été posé alors que la pâte n'était pas complètement sèche et rétractée.

Des irrégularités blanches apparaissent en surface

Il s'agit de grumeaux de fécule qui n'ont pas été bien amalgamés pendant le pétrissage. Faire le mélange et le laisser reposer un peu avant de le cuire permet à la fécule de s'imprégner de colle. Attention aussi à ne pas mélanger de pâte trop cuite restée autour du récipient pendant la préparation, il faut toujours racler les bords régulièrement pour éviter ce problème.

À SAVOIR

Une pâte d'un ton gris foncé deviendra noire une fois sèche si vous n'avez pas ajouté de blanc au départ. De même, certains rouges peuvent paraître rose au départ.

CONSEIL

Prélevez un peu de pâte colorée, aplatissez-la et laissez-la sécher. Au bout d'une heure, elle aura déjà sa teinte définitive, vous pourrez alors choisir de l'éclaircir ou de la foncer.

JE VOUS RECOMMANDE

Vous pouvez peindre la porcelaine à modeler, mais laissez quelques parties «naturelles», sinon la pâte perdra de son aspect porcelaine si caractéristique.

Peut-on fabriquer de la vaisselle avec la porcelaine à modeler ?

Non, elle n'a de la porcelaine traditionnelle utilisée pour faire les assiettes et les plats que le nom !

Peut-on laver les sujets réalisés avec la porcelaine à modeler ?

S'ils sont vernis (plusieurs couches), oui, sans problème ! Il est toutefois déconseillé d'immerger le sujet ou de le brosser avec un tampon à récurer. Un nettoyage rapide sous l'eau courante avec une éponge douce savonneuse n'altérera pas les couvercles de pots par exemple.

Peut-on exposer les objets réalisés en porcelaine froide aux intempéries ?

Oui, toujours à condition qu'ils aient été vernis soigneusement. Vous pouvez réaliser des couronnes de porte qui ne craindront ni le vent ni la pluie.

Peut-on mettre les objets réalisés au four pour les faire durcir plus vite ?

Non, cela n'accélérerait pas le séchage, et au contraire risquerait de déformer le sujet à cause d'une rétractation trop rapide en surface.

CONSEIL

Les objets décoratifs pour la cuisine ayant tendance à se salir rapidement, je passe d'abord une couche de vernis mat en bombe, puis une couche de vernis glassificateur (sorte de résine vendue sous la marque Cléopâtre), puis une autre couche de vernis mat pour rendre son aspect porcelaine au sujet. Ainsi, ils peuvent être lavés régulièrement sans s'abîmer.

À SAVOIR

Le vernis brillant donne un aspect plastique à la pâte, le vernis mat lui conserve son aspect porcelaine.

JE VOUS RECOMMANDE

Jouez sur les aspects du vernis pour nuancer vos créations, en appliquant par exemple du brillant sur la bouche, les cheveux, les chaussures...

QUELQUES TECHNIQUES EN IMAGES

Ce chapitre, dédié à la découverte de quelques techniques illustrées, permettra aux novices de progresser rapidement, car même si la matière est fabuleuse à travailler, elle ne se laisse pas toujours apprivoiser facilement. Les modeleurs confirmés pourront être déroutés par les différences de réaction de la pâte par rapport à leur matière habituelle, mais avec de la persévérance et des bons conseils, on vient rapidement à bout des petites difficultés rencontrées au départ.

Il vaut mieux pour débuter se contenter de réaliser de petites choses simples (comme le bébé phoque de la page 68 ou le lutin de la page 48), afin de se familiariser avec la matière pour mieux la maîtriser ensuite.

Quelques conseils avant de démarrer

- Procédez par gestes très doux et peu appuyés, quitte à y revenir plusieurs fois pour obtenir le résultat souhaité.
- Faites attention de ne pas écraser la pièce que vous êtes en train de modeler avec la main qui la maintient.
- Entraînez-vous avec de la pâte à modeler pour enfants qui ne durcit pas, pour affiner votre geste.
- Apprenez à travailler rapidement, car la pâte sèche assez vite.
- Mettez systématiquement à l'abri de l'air la pâte que vous n'utilisez pas tout de suite.
- Pour finir, voici peut-être le conseil le plus essentiel : prenez plaisir à modeler !

CONSEIL

Personnalisez les modèles proposés à votre goût et en changeant certains détails ou couleurs, mélangez plusieurs exemples pour en créer un nouveau, bref, soyez créatifs, vous en retirerez bien plus de plaisir !

COMMENT NUANCER LA COULEUR DES CHEVEUX ?

Pour obtenir des chevelures à l'aspect naturel, prenez plusieurs couleurs de pâte dans des tons assez proches, faites-en des boudins que vous réunissez par deux ou trois tons côte à côte. Roulez ensemble pour n'en faire qu'un, étirez, pliez en deux.

Recommencez ce geste jusqu'à huit fois, vous obtenez alors un boudin finement rayé dans la longueur dans lequel vous pouvez prélever vos mèches pour créer la coiffure de votre personnage.

Cette technique peut aussi s'appliquer pour obtenir des abaisses de pâte marbrée, il faut alors torsader le boudin obtenu avant de le remettre en boule et de l'étaler.

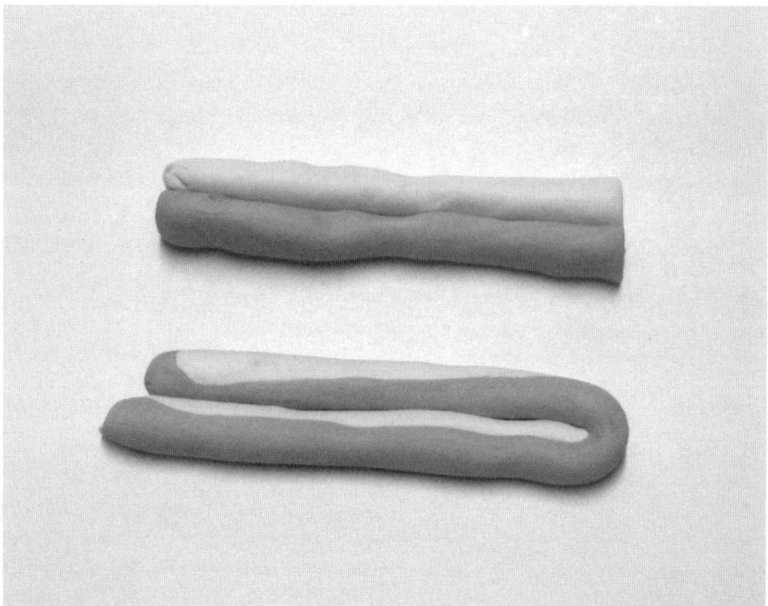

LE MODELAGE DES MAINS

Pour modeler une main, on part d'une boulette qu'on transforme en goutte et qu'on aplatit.
On affine davantage la partie large de la goutte, là où seront les doigts.
On coupe un petit triangle de pâte entre le pouce et l'index (aux ciseaux ou avec une lame).
On marque trois traits verticaux pour séparer les doigts.
On applique la lame perpendiculairement au bout des doigts pour bien marquer la séparation.
On affine délicatement les marques de coupe au niveau du pouce et de l'index.

Attention à ne pas faire deux fois la même main

Pour faire des doigts écartés, il faut les séparer au cutter.

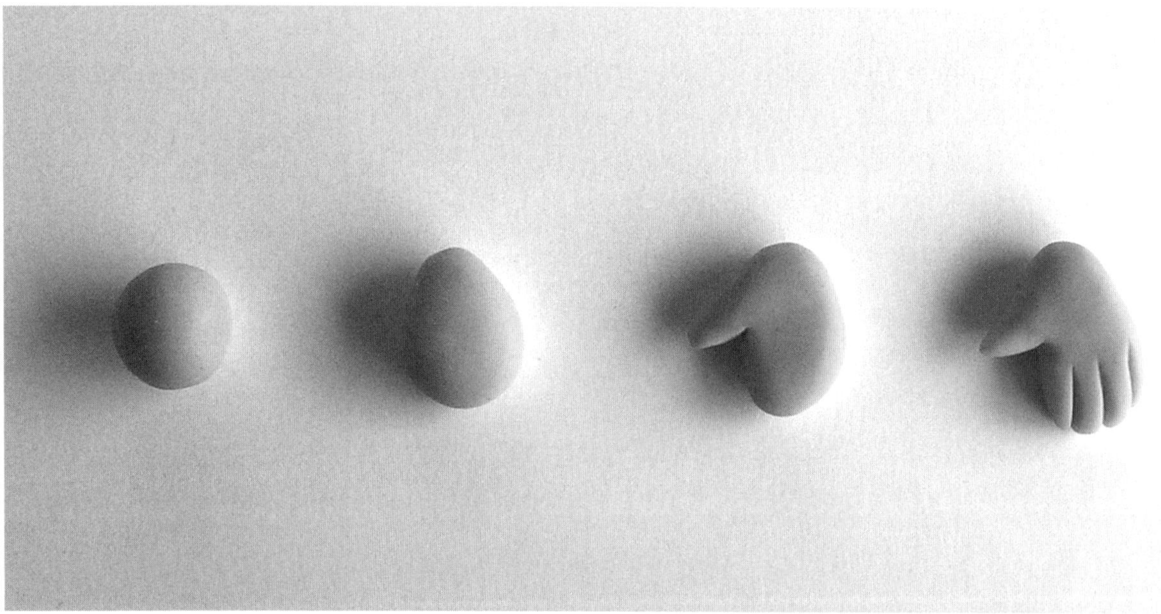

LE MODELAGE DES MAINS

Pour modeler un bras nu, il faut d'abord marquer l'emplacement du poignet en roulant le boudin sur la table sous le petit doigt, sans l'écraser - ou éventuellement avec le manche d'un pinceau - (photo 1).
Ensuite, il faut former la main comme il est expliqué page 97.

Pour mettre en forme un bras fléchi, il faut marquer l'emplacement du creux du coude avant de le plier, cela afin d'éviter les bourrelets disgracieux (photo 2).

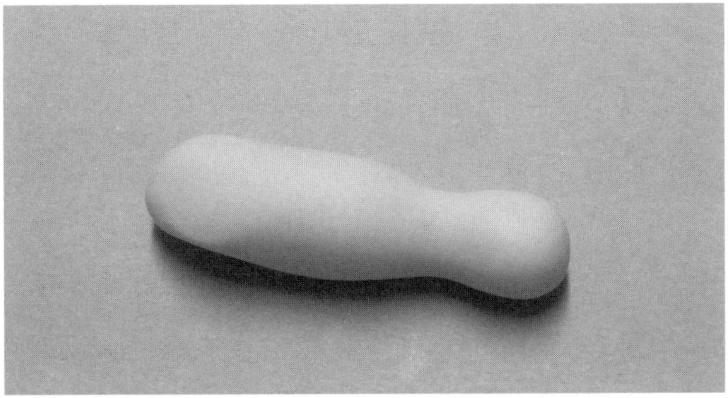

1>

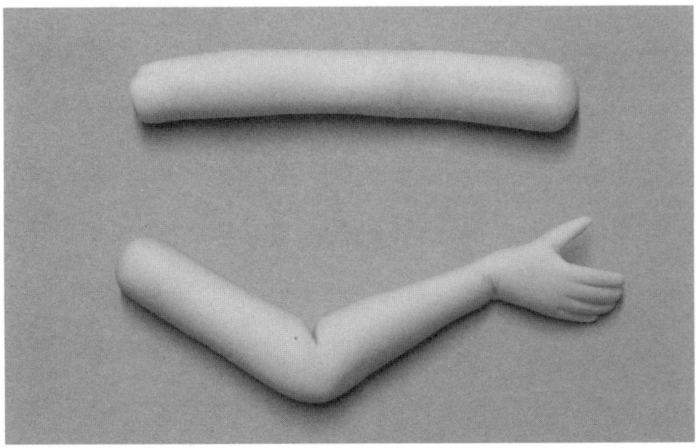

2>

CONSEIL

Pour modeler des membres symétriques, partez d'un boudin que vous coupez en deux, et mettez la partie que vous n'utilisez pas tout de suite à l'abri de l'air. Il est très difficile de refaire exactement le même bras ou la même jambe si on n'a pas la même quantité de pâte au départ.

À SAVOIR

Enduisez la lame de votre cutter ou la pointe de vos ciseaux de crème, ainsi la pâte ne s'y collera pas quand vous couperez les doigts.

ASTUCE

Les personnages naïfs gagneront en charme si la forme de leur bras n'est pas très élaborée, on peut donc se contenter d'arrondir les membres sans les fléchir, et ne pas trop détailler les mains.

LES ASTUCES RÉCUP'

Il y a énormément de choses que vous pouvez récupérer pour les recycler dans vos créations, en voici une liste non exhaustive :

- Le plastique transparent des bouteilles de soda, qui une fois découpé et peint donne des ailes de fées ou d'insectes parfaites !

- Les bocaux de confiture ou de terrines : une fois les étiquettes décollées, vous pourrez les transformer en boîte à chouchous, sucriers, bocaux à bonbons **(comme le modèle de la page 13)**.

- Les bocaux d'asperges : les petits pour les coton-tige, les grands pour les bâtonnets d'encens. Attention cependant à neutraliser l'odeur persistante du couvercle dans le cas des terrines et des asperges : vous pouvez enfermer un sachet de thé parfumé pendant quelques jours dans le bocal nettoyé.

- Les rubans qui ornent les bouquets ou les cadeaux reçus dans l'année : repassés et enroulés, ils pourront finir en ceinture de poupée par exemple, le mélange des matières est intéressant.

- Les fonds de boîtes à fromage en bois : ils deviennent des socles dont la première fonction est insoupçonnable une fois décorés **(voir les modèles pages 32 et 52)**.

- Les rouleaux de papier-toilette industriels (à récupérer sur votre lieu de travail par exemple) ; peints et bordés d'une torsade, ils font de parfaits pots à crayons.

- Les noix, noisettes, glands, pommes de pin ramassés à l'automne et conservés au sec s'harmonisent avec les créations « nature ».

- Les coquilles d'escargots dégustés au réveillon retrouveront une seconde vie en accueillant un gastéropode en porcelaine à modeler.

- Les ramequins de crème dessert deviendront des photophores.

- Les vieilles peluches sont remplies de fibre à récupérer.

- Les emballages protecteurs en polystyrène se découpent dans toutes les formes souhaitées.

- Les outils de manucure, que bien souvent on n'utilise pas, sont très pratiques pour le modelage.

- Les tubes de PVC utilisés en plomberie sont parfaits comme rouleaux à étaler car ils n'adhèrent pas à la pâte.

- Les serviettes en papier à petits motifs collées sur les jupes des figurines leur donnent un côté « imprimé » plus que réel.

- Les dessous de verres en carton superposés font de très honnêtes socles pour peu qu'on les entoure d'une torsade.

- Le sable mélangé à la porcelaine à modeler lui donnera un aspect pâte à sel, sans les inconvénients de celle-ci.

- Les tiges de fleurs artificielles se démontent très facilement pour utiliser les inflorescences une à une.

- Le tulle qui emballe les dragées fait de jolies empreintes « vrai tissu » dans la pâte.

- Les petites brosses des poupées mannequins permettent de faire plein de trous à la fois quand on modèle des fraises.

À vous de laisser faire votre imagination pour trouver d'autres idées de recyclage, c'est tout à fait dans l'air du temps !

LES GABARITS. ESCARGOT DE BOURGOGNE...

Page 9

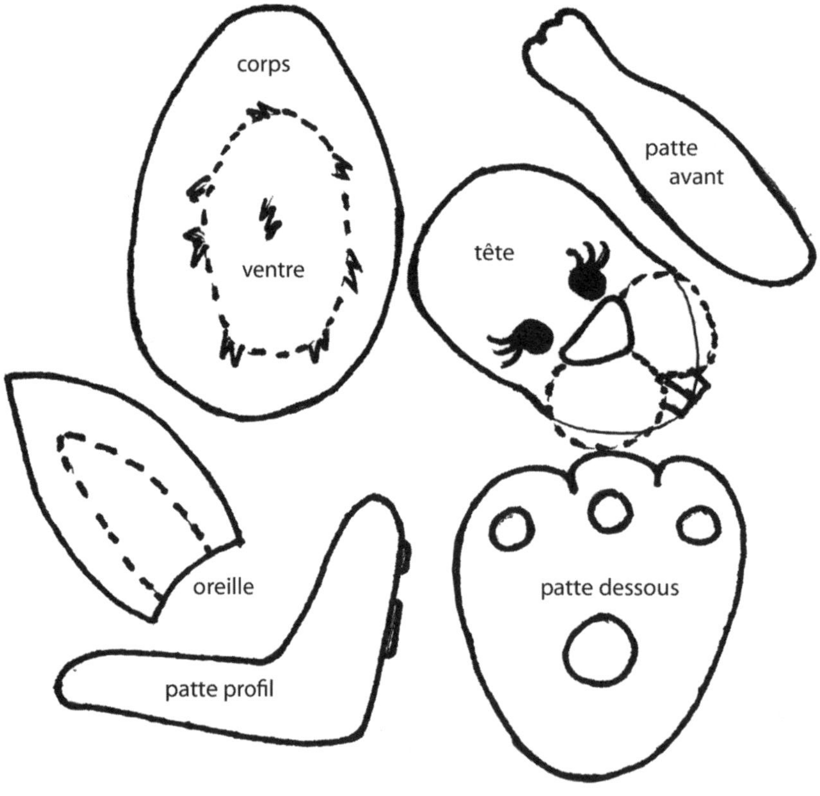
corps
ventre
patte
avant
tête
oreille
patte profil
patte dessous

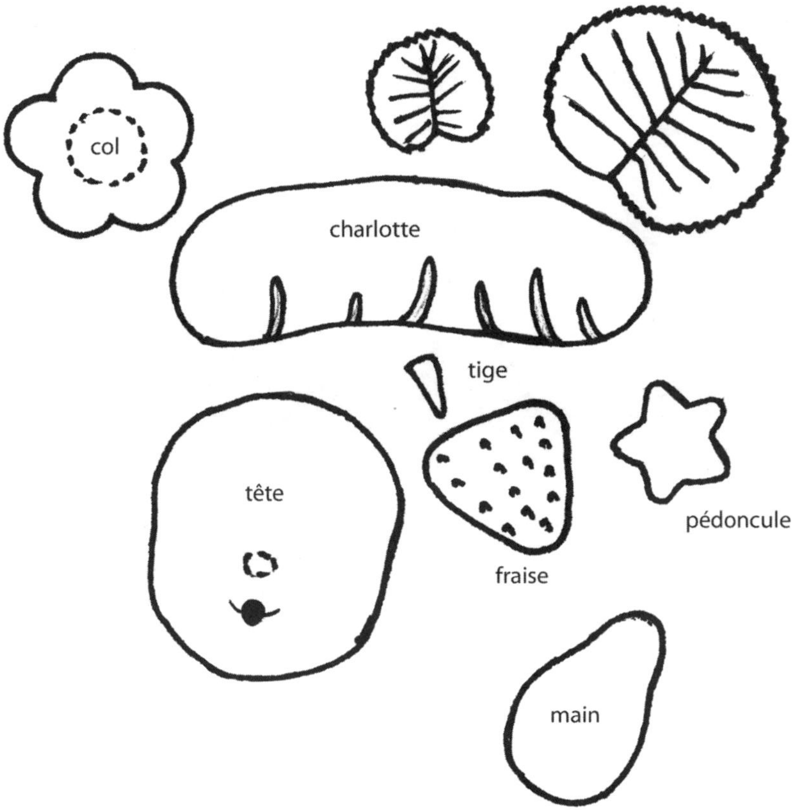

Page 17

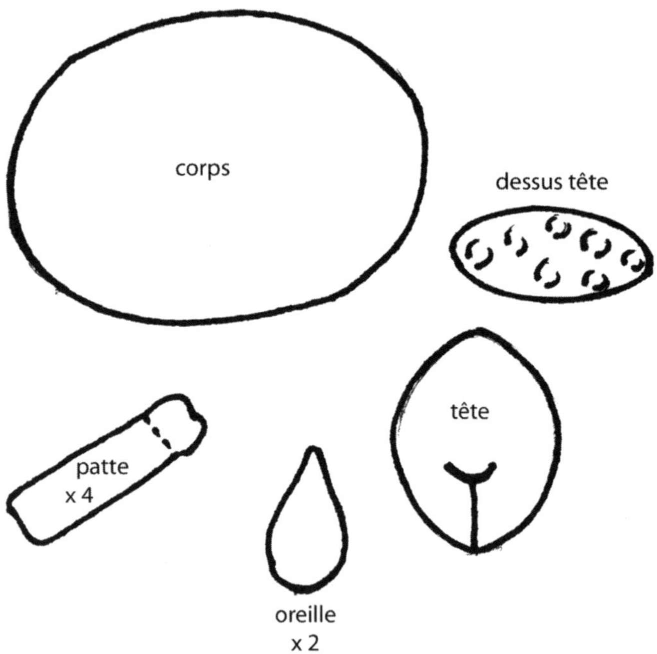
corps
dessus tête
tête
patte
x 4
oreille
x 2

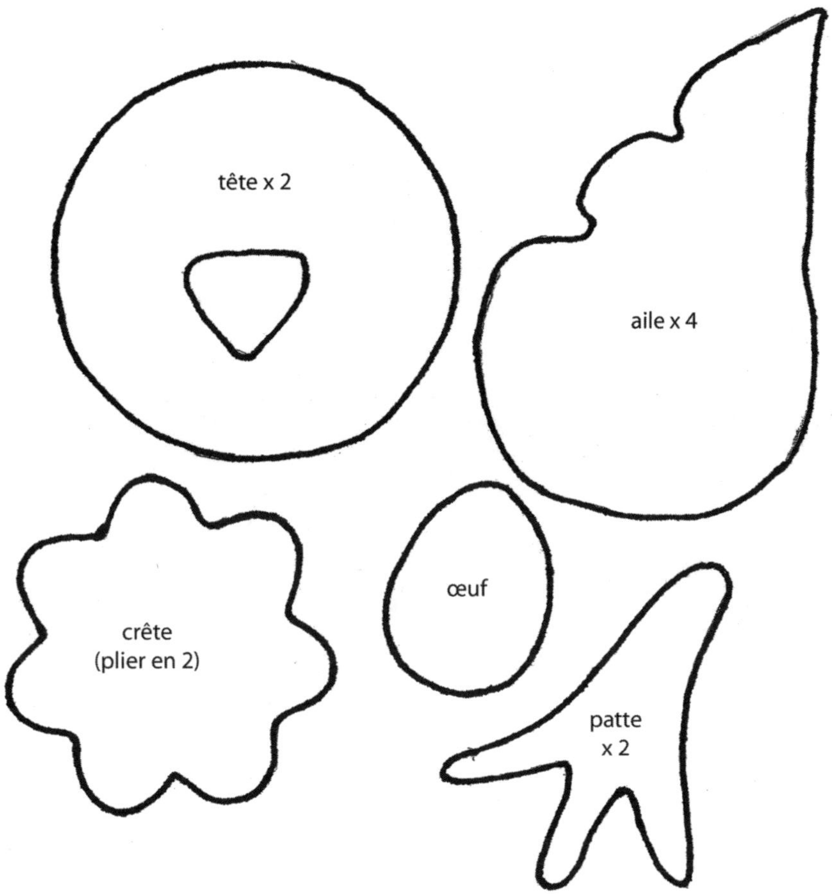

Page 23

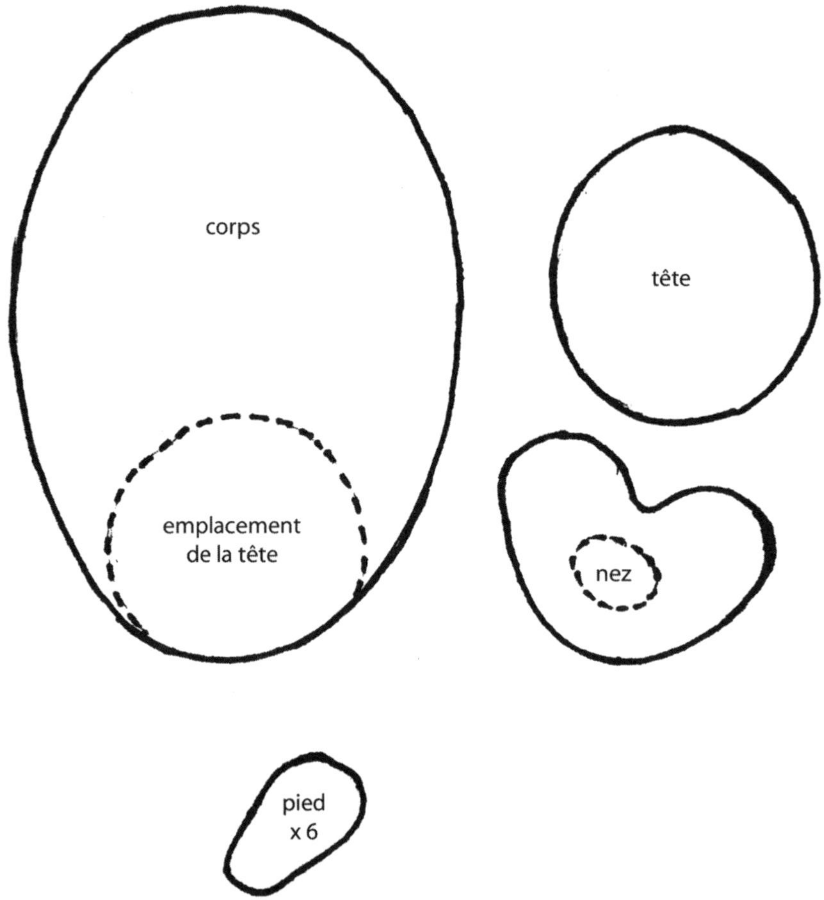
corps
emplacement
de la tête
tête
nez
pied
x 6

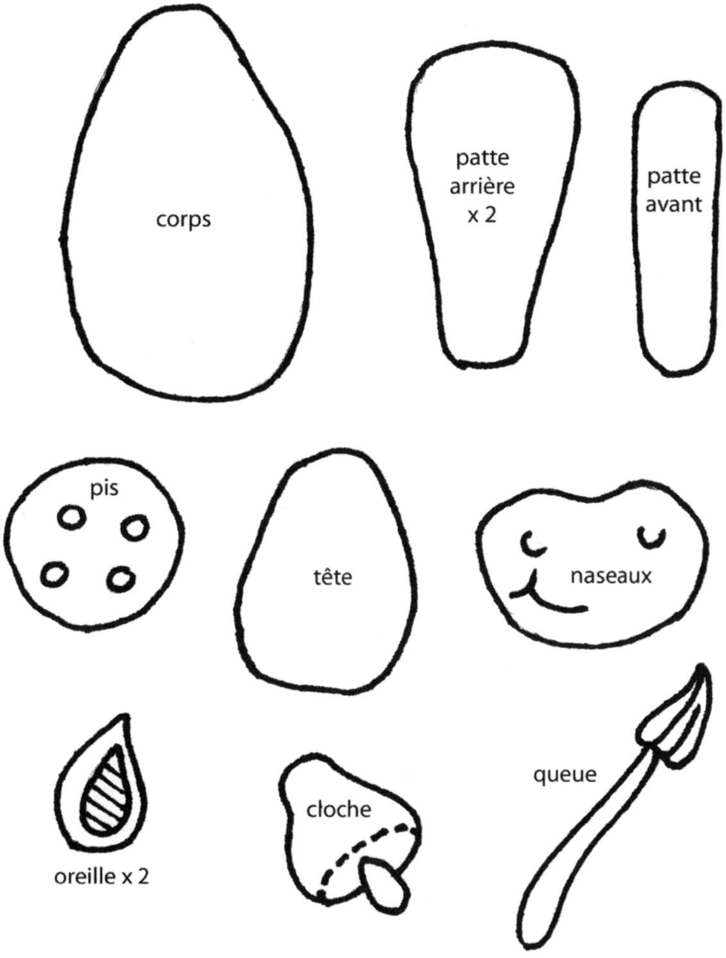
corps
patte
arrière
x 2
patte
avant
pis
tête
naseaux
oreille x 2
cloche
queue

Page 40

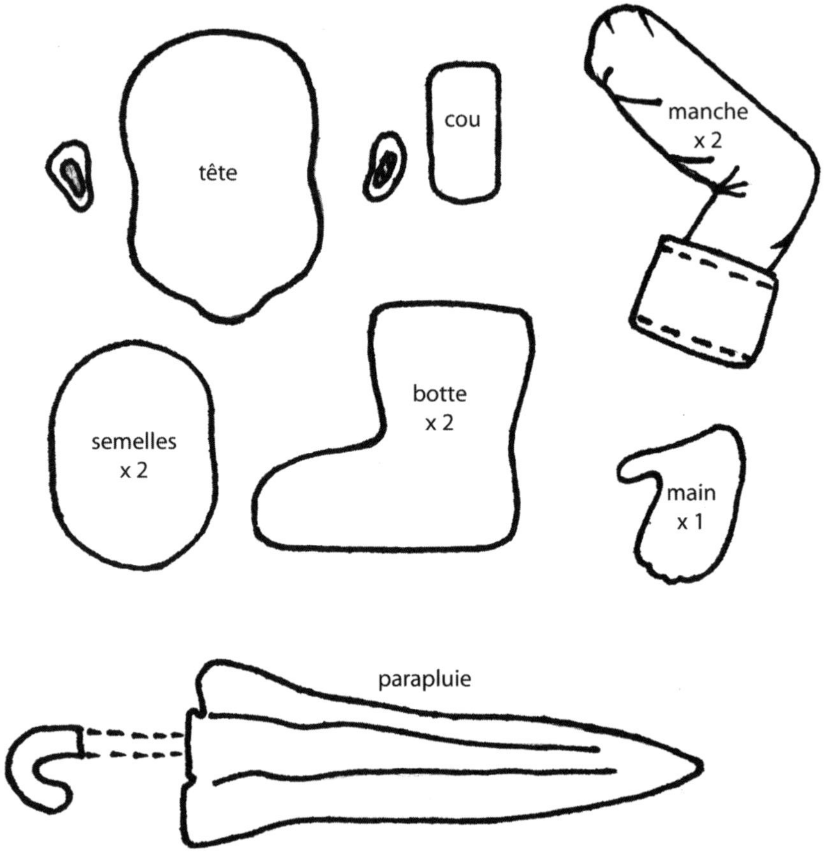
tête
cou
manche
x 2
semelles
x 2
botte
x 2
main
x 1
parapluie

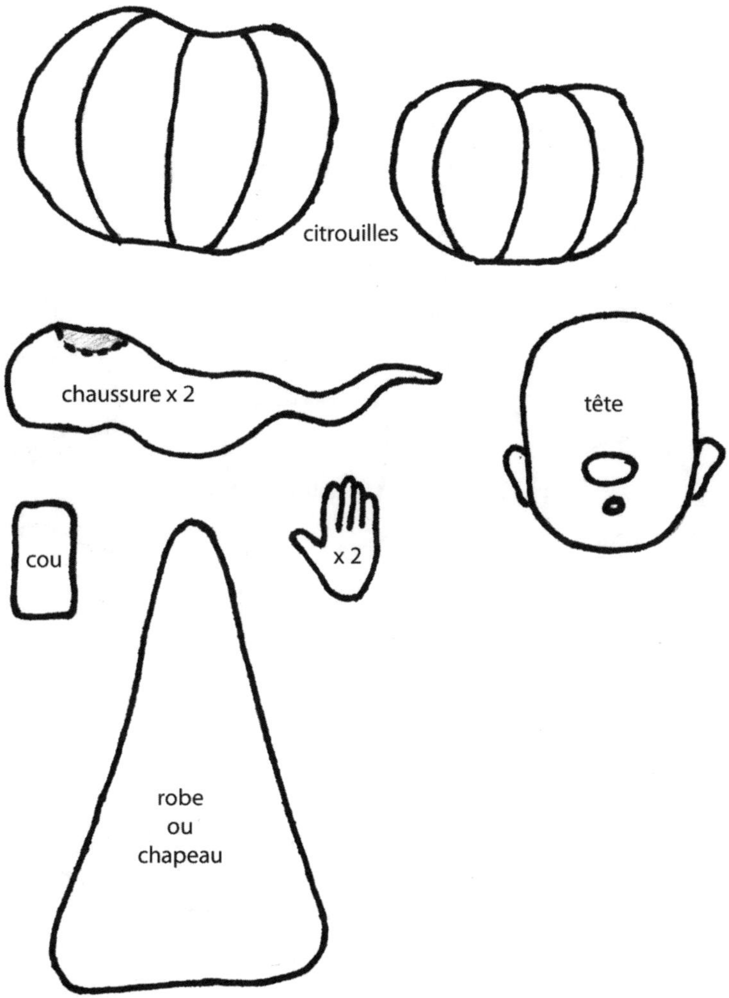

Page 52

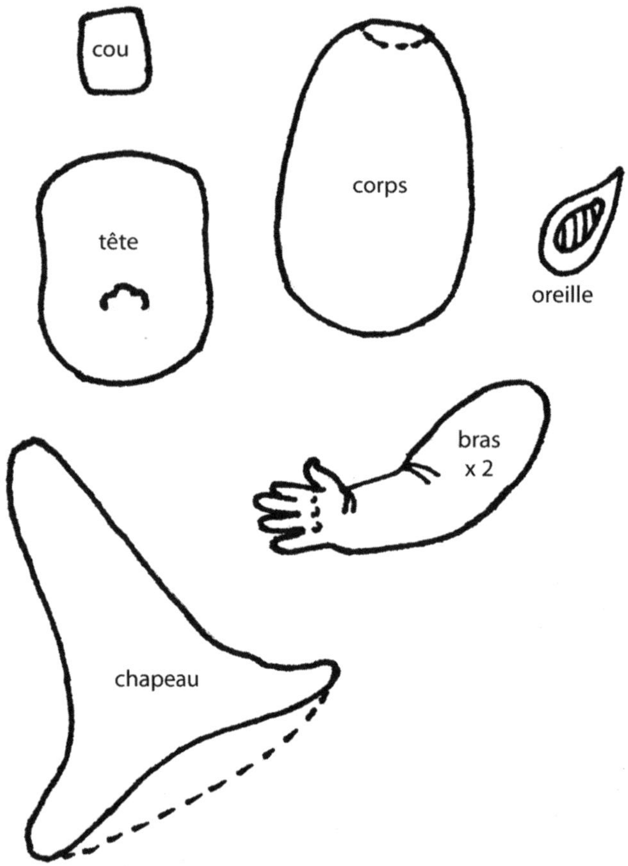
cou
corps
tête
oreille
bras
x 2
chapeau

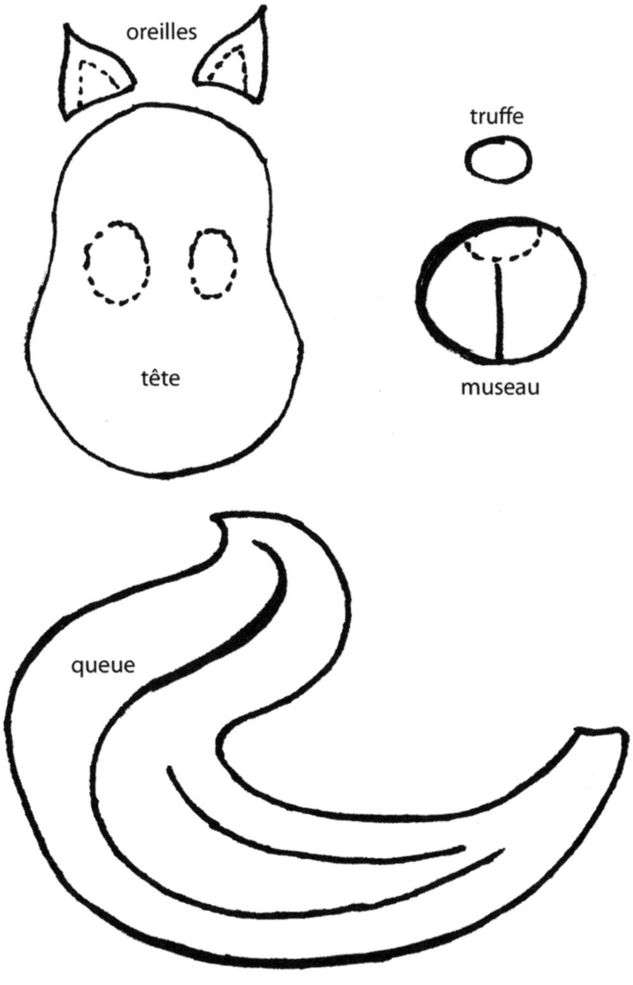

Page 60

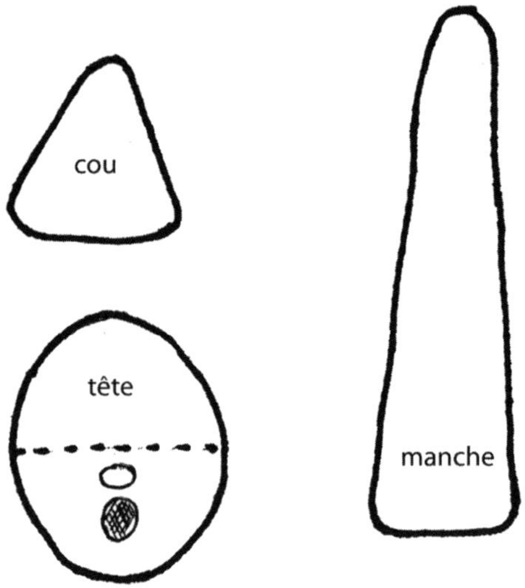
cou
tête
manche

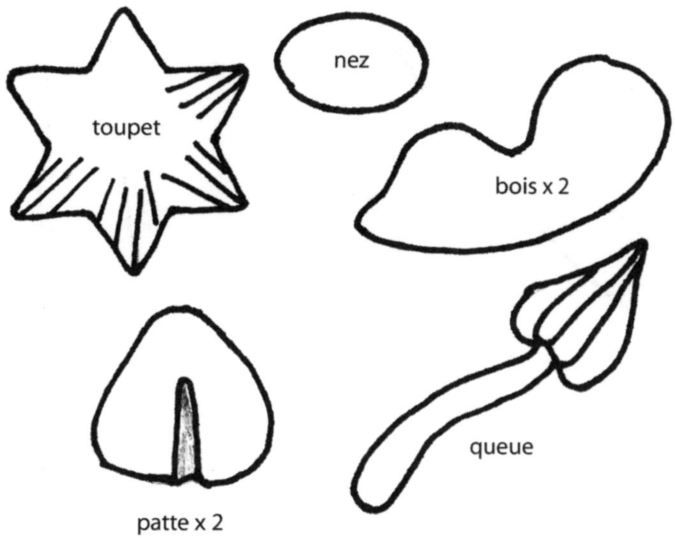

Page 75

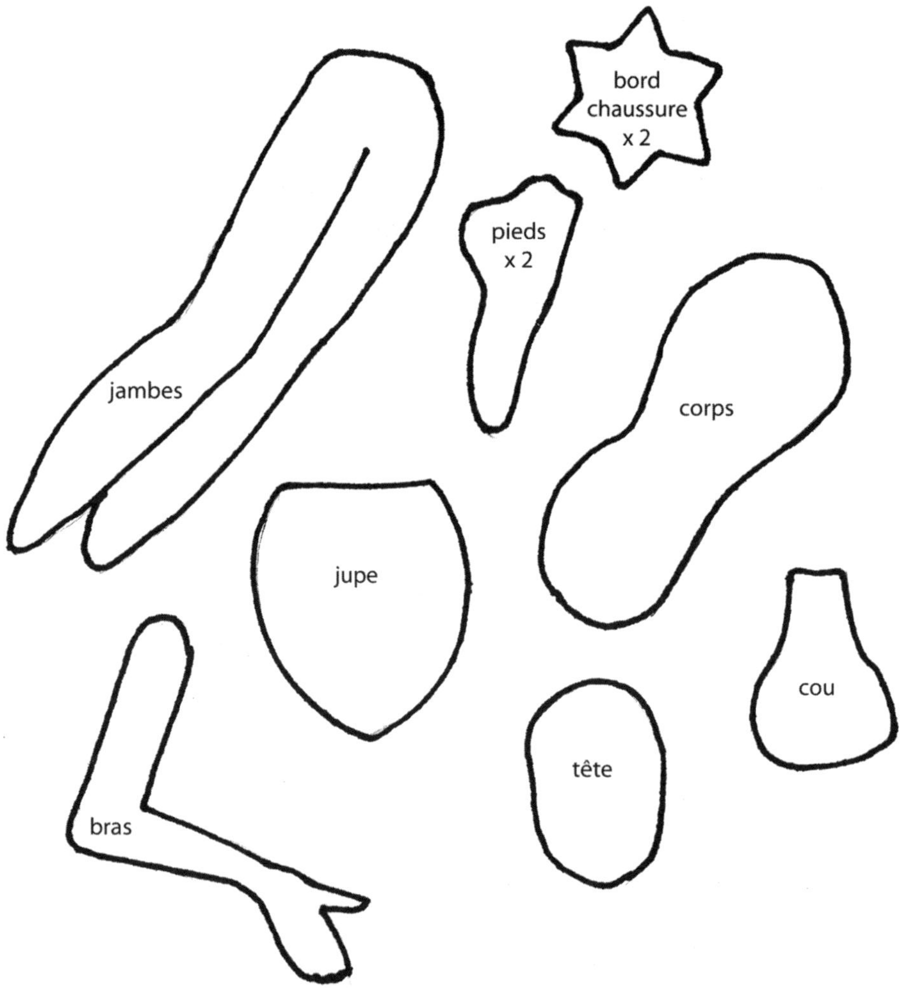

Page 74

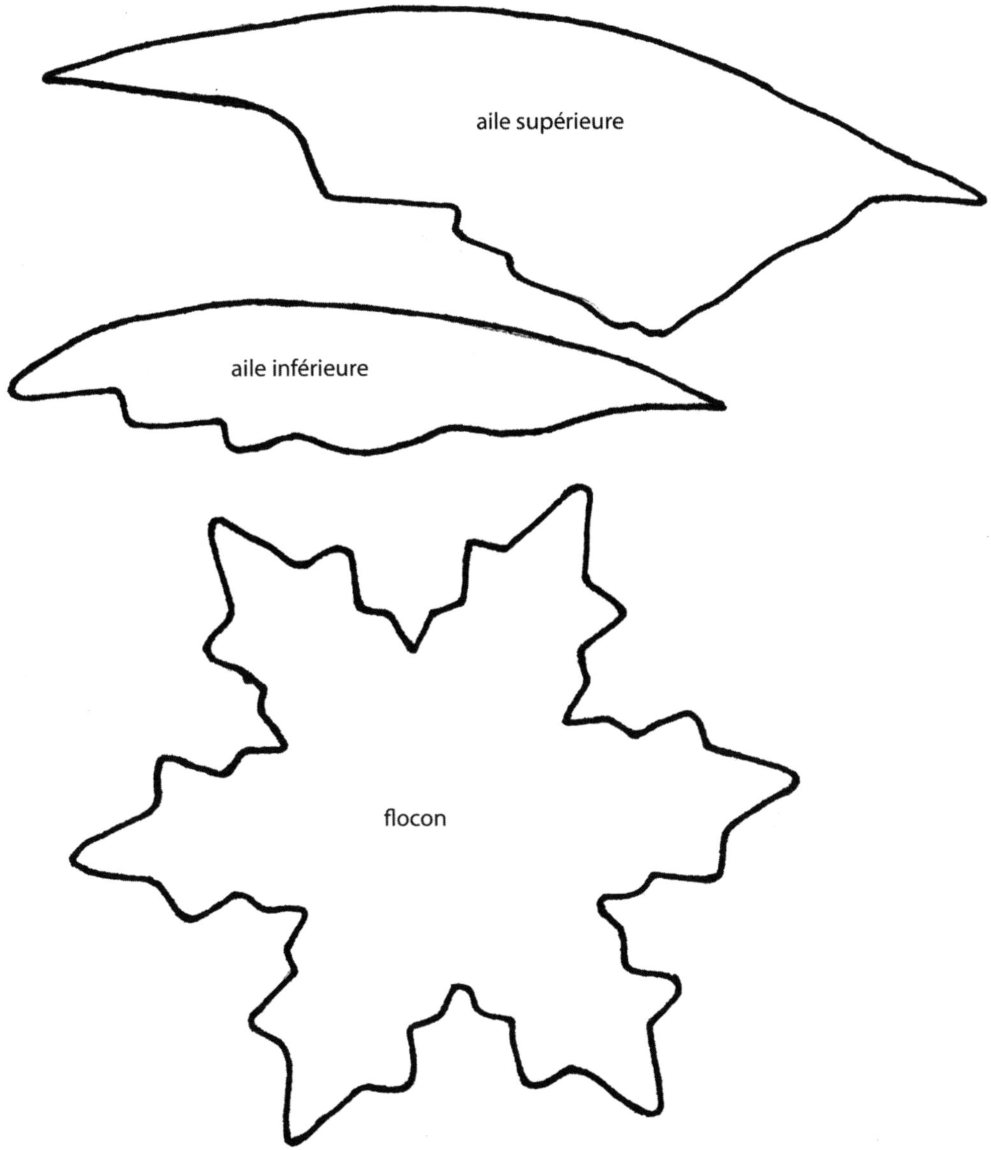

Le miroir de la fée des glaces de la page 74
Décos tendances ou romantiques pour le sapin de la page 62

LEXIQUE

A COMME...

ABAISSE
Morceau de pâte étalée finement au rouleau ou à la machine à pâtes.

AFFINER
Pincer entre les doigts les bords d'une pastille de pâte pour l'amincir à l'extrême.

ADOUCIR
Lisser doucement des marques brutes imprimées dans la pâte.

B COMME...

BARBOTINE
Mélange de porcelaine à modeler et d'eau, de consistance crémeuse, qui sert à combler des fissures ou des craquelures.

C COMME...

CISEAUX À FESTONS
Petits ciseaux à lames fantaisie utilisés surtout en scrapbooking.

CLAY SHAPER OU COLOR SHAPER
Outil ressemblant à un pinceau dont l'embout est en gomme plus ou moins dure. Existe en plusieurs tailles, parfait pour modeler les visages car il ne laisse pas de trace.

CLÉOCOL
Colle vinylique extra-forte spécialement adaptée à la porcelaine à modeler.

E COMME...

ÉBAUCHOIR
Outil de modelage qui peut avoir comme fonction de lisser, de couper, de creuser la pâte en fonction de sa forme.

EMPORTE-PIÈCE
Forme en métal qui sert à découper des motifs dans la pâte.

F COMME...

FABRICAPATE
Chauffeuse spéciale qui permet de fabriquer 250 g de porcelaine à modeler en 50 minutes sans risque de cuisson excessive.

FIBRE DE REMBOURRAGE
Mousse fibreuse blanche qui sert à garnir les peluches ou les coussins. Sert à soutenir les modelages pendant qu'ils sèchent sans les déformer.

FESTONNER
Appuyer avec le bout rond d'une mirette sur le bord de la pâte pour lui donner un aspect dentelle.

G COMME...

GLASSIFICATEUR
Vernis très brillant qui forme une couche laquée protectrice et résiste à l'eau (marque Cléopâtre, en vente chez Place des loisirs).

GOUGE
Outil de sculpteur qui sert à marquer un sourire naïf.

H COMME...

HACHURER
Fendre le bout d'un boudin dans la longueur pour imiter des poils par exemple.

À SAVOIR

La plupart des termes du lexique sont illustrés dans les pages reprenant les modèles pas à pas, ou dans les pages du cahier technique.

L COMME...

LISSER
Mouiller le doigt pour gommer une aspérité de la pâte.

M COMME...

MIRETTE
Outil surmonté de boules de tailles différentes à ses extrémités. Indispensable pour la porcelaine à modeler.

MOULE EN SILICONE
Moule très souple et antiadhésif spécialement adapté à la porcelaine à modeler. Il restitue des détails très précis et ne nécessite pas d'être poudré pour faciliter le démoulage. Une multitude de modèles existent.

P COMME...

PEARLESCENT
Se dit de la peinture acrylique irisée qu'on applique sur la pâte pour lui donner un effet nacré (après vernissage).

PERFECT PEARL
Poudre irisée qui s'applique au pinceau sur la pâte, utilisée à la base pour le scrapbooking.

PASTEL SEC
Sorte de craie de couleur vendue en boutiques de beaux-arts, qui se décline en multiples coloris. On gratte la surface avec une lame pour obtenir une poudre qui sert à faire des nuances très naturelles sur la pâte, appliquée avec un coton-tige.

PINCEAU GOMME
Voir Clay shaper (page 115).

PUSH MOLD
Moule en latex souple très pratique pour obtenir des formes compliquées à modeler comme les flocons par exemple. La pâte y adhère facilement, il faut le talquer avant de l'utiliser pour démouler aisément.

R COMME...

RÉSERVER
Garder de côté sur un morceau de carton ou mieux, sur un morceau de fibre de rembourrage, pour éviter la déformation du modelage.

REHAUSSER
Décorer un bord avec de la peinture en relief pour agrémenter un modèle.

S COMME...

SERINGUE EXTRUDEUSE
Glay gun ou seringue de potier. Pour faire des torsades, fils, rubans réguliers grâce à ses multiples embouts.

STRIER
Imprimer des traits dans la pâte avec un ébauchoir ou le dos d'un couteau.

T COMME...

TRESSER
Entrecroiser trois boudins pour former une natte.

La plupart des outils mentionnés dans le lexique se trouvent facilement sur Internet, sur des sites spécialisés ou consacrés à la pâte polymère.

SHOPPING ACCESSOIRES ET MATÉRIEL

Voici les coordonnées des sites ou des boutiques dans lesquels vous trouverez précisément les accessoires ou le matériel cités dans les modèles :

Chez Casa
Pendulettes

Veilleuses Led

Mini-bocal

Chez www.placedesloisirs.com
Yeux mobiles

Moules en silicone

Mini-pots en terre cuite

Petits paniers en osier

Plaques de texture

Emporte-pièces toutes formes

Sable végétal (bougie)

Photophores

Accessoires de bijouterie

Colle

Porcelaine à modeler prête à l'emploi

Fibre de rembourrage

Chez Maisons du monde
Ardoise trépied « n'oublie pas »

Chez Cultura
Clay shaper (pinceau gomme)

Chez www.vbs-hobby.fr
Tableau mémo blanc

Microperles

Mousse naturelle

Chez www.bar-a-deco.fr
Perles de pluie

Petits cailloux décoratifs

Décors séchés

Chez Ikea
Miroir carré en bois brut

ASTUCE

Quand vous flânez dans les boutiques, pensez « porcelaine à modeler », vous verrez que très vite votre œil repérera quels sont les objets que vous pourrez détourner ou utiliser au profit de votre loisir préféré !

CARNET D'ADRESSES

Blog de l'auteur :
http://porcelanafria.canalblog.com

Site de vente spécialisé pour la porcelaine à modeler et les loisirs créatifs :
www.placedesloisirs.com

Distributeur Cléocol et WePAM® (de Cléopâtre) :
www.colle-cleopatre.com

Magasins spécialisés dans les loisirs créatifs :
Arteis Blois
169 rue des Perrières - ZAC des Perrières - 41350 Saint-Gervais-la-Forêt

CréaCouleurs Annecy
53 rue des Roseaux - 74330 Epagny

Sites répertoriant les adresses des magasins spécialisés en loisirs créatifs :
http://www.cultura.com

http://www.creacouleurs.com

http://www.arteis-france.com

Sites spécialisés dans la vente par correspondance de matériels de loisirs créatifs :
www.artgate.fr

www.panduro.fr

http://www.vbs-hobby.fr

http://creaclic.ch

Les cavernes d'Ali Baba (petit matériel bon marché) :
www.lafoirfouille.fr

www.gifi.fr

www.nozrecrute.com/implantation_noz.php

Maisons du monde

Casa

Ikea

Forums d'échange d'idées et de techniques autour de la porcelaine à modeler :
http://wepam.forumactif.net/forum.htm

http://pam-et-co.forumactif.net/forum.htm

http://www.monde-creatif.com/forum-loisirs/modelage-en-general-(porcelaine-froide-argile-et-autres-pates)

http://www.creaclic.ch/forums/

http://toutesnoscreas.forumactif.net/forum.htm

BONNE IDÉE

Ayez toujours sur vous un petit carnet et un crayon, vous pourrez y noter les idées qui vous viendront au cours de vos promenades.

Ma sélection de jolis blogs de modeleuses

http://porcelainefroide.fr
http://www.babou-bricole.com/blog.htm
http://maporcelaine.canalblog.com
http://jardinchrysalide.canalblog.com
http://porcelanadisa.canalblog.com
http://nouveaugrain2sel.canalblog.com
http://lapateachau.canalblog.com
http://fimotopia.canalblog.com
http://labulledidril.canalblog.com
http://la.griffe.d-arnauton.over-blog.com
http://pamdeclaire.canalblog.com
http://pateasedem.canalblog.com
http://tallubah-creatif.com
http://lesfeesdalicia.canalblog.com

Banque d'images (libres de droits) :

http://www.fotosearch.fr

Un magazine pour trouver des tutoriels en français sur la porcelaine à modeler :

L'atelier déco et créations - trimestriel disponible en France et en Belgique

Quelques sites d'artistes modeleurs étrangers célèbres

http://www.wilsoncabral.com
http://www.jorgerubicce.com
http://andream.com.ar
http://www.modugno.com.br

Cours et stages de modelage spécial porcelaine à modeler :

http://stagedemodelage.canalblog.com

Une association qui cherche à promouvoir le modelage et organise des stages :

http://millefiori.ning.com

À SAVOIR

Les livres proposant des modelages en pâte polymère sont adaptés à la porcelaine à modeler, il suffit de penser à coller les éléments entre eux, puisqu'on ne les fait pas cuire.

REMERCIEMENTS

La gestation fut longue, les efforts nombreux, c'est pourquoi aujourd'hui je suis heureuse d'être venue à bout de cet ouvrage, aussi je voudrai remercier :

Jean-Marc, Lucile, Claire et Justine pour leur patience, leur soutien, et l'inspiration qu'ils me donnent parfois sans s'en douter.

Ma fille Justine pour ses talents de photographe,

Emmanuelle Prot pour sa présence virtuelle mais indispensable tout au long de l'élaboration de ce livre,

Mes amies « les piquées de l'asinerie », pour leur écoute attentive et leurs petits mots gentils au creux de la vague,

Les sociétés Cléopâtre et Place des loisirs qui m'ont fourni une partie du matériel utilisé dans ce livre,

Alexandre, Charlotte et Fabrice pour être encore et toujours à mes côtés dans l'aventure,

Chantal et Jean, pour leur accueil et leur aide précieuse,

Les stagiaires de mes cours, venues parfois de très loin, pour leur enthousiasme débordant à chaque séance : je donne, mais je reçois tellement !

Et enfin tous les visiteurs de mon blog, jamais lassés, qui m'encouragent toujours à continuer et avec qui je continuerai de partager avec plaisir les connaissances que j'engrangerai au fil des mois.

Imprimé en Espagne
Dépôt légal avril 2010